著 | liangqiu

我爱

四川

山东画报出版社

图书在版编目（ＣＩＰ）数据

我爱四川/姜洁，王庆岭编著．—济南：山东画
报出版社，2014.2

（中国梦家乡情丛书）

ISBN 978－7－5474－1212－1

Ⅰ．①我… Ⅱ．①姜… ②王… Ⅲ．①四川省—概况
—青年读物②四川省—概况—少年读物 Ⅳ.
①K927．1－49

中国版本图书馆 CIP 数据核字（2014）第 029232 号

责任编辑	许　诺
装帧设计	林静文化
主管部门	山东出版集团有限公司
出版发行	

社　　址	济南市经九路胜利大街 39 号　邮编 250001	
电　　话	总编室（0531）82098470	（010）61536005
	市场部（0531）82098479　82098476（传真）	
网　　址	http：//www．hbcbs．com．cn	
电子信箱	hbcb@ sdpress．com．cn	
印　　刷	北京山华苑印刷有限责任公司	
规　　格	165 毫米 ×225 毫米	
	12 印张　40 幅图　112 千字	
版　　次	2014 年 3 月第 1 版	
印　　次	2014 年 3 月第 1 次印刷	
定　　价	23.50 元	

序 言 PREFACE

月是故乡明

"中国梦 家乡情"丛书出版了，可喜可贺！

对家乡故土的眷恋可以说是人类共同而永恒的情感，对家乡和祖国充满热爱与牵挂，更是具有深厚文化底蕴和历史积淀的中华民族传统美德。

"乡愁是一枚小小的邮票，我在这头，母亲在那头。"台湾著名诗人余光中的《乡愁》诗曾在海峡两岸同胞心中激起强烈的共鸣。诗人把对亲人、家乡、祖国的思念之情融为一体，表达出远离故乡的游子渴望叶落归根的浓郁而又强烈的家国情怀。纵览历史长河，历代志士文人留下了多少对家乡魂牵梦萦的不朽诗篇，激励着一代代中华儿女的爱国思乡情怀。李白的"举头望明月，低头思故乡"、杜甫的"露从今夜白，月是故乡明"，无一不是抒发浓浓的思念故土之情。

民族传统文化是一条奔流不息的长河，从古至今，绵延不绝。家乡是一棵枝繁叶茂的大树，守护着我们的生命，铭记着我们的归属。而薪火相传的家乡文化则是一方沃土，拥有着最厚重、最持久、最旺盛的生命力，滋养着一代又一代的青少年茁壮成长。中国有着九百六十万平方公里的土地和辽阔的领海，山河壮丽，幅员辽阔，物华天宝，人杰地灵。不同的地域有着不同的源远流长的家乡文化，辉煌灿烂，博大精深，特色鲜明，各有千秋。

一方水土孕育一方文化，一方文化影响一方经济、造就一方社会。在中华大地上，不同地域有着不同的自然地理环境、民俗风情习惯、政治经济情况，形成了各具特色的地域文化。中国是世界上最古老的文明国家之一，有着几千年光辉灿烂的文明历史，行政区划的历史也十分悠久。从公元前688年的春秋时期开始置县，中国的行政区划至今已有2500多年的历史。作为最高一级的行政区划单位，省级行政区域的设立和划分起源于元朝。后来不同朝代和历史时期多有调整，到目前为止，我国共有23个省、5个自治区（自治区是中国少数民族聚居地方实行民族区域自治而建立的相当于省的行政区域）、4个直辖市（直辖市是人口比较集中，在政治、经济、文化等方面具有特别重要地位的省级大城市）、2个特别行政区（特别行政区与省、自治区、直辖市同属直辖于中央人民政府的地方行政区域）、此外，台湾作为一个省份，也是中国领土不可分割的组成部分。这套丛书即是以省级行政区划为单元分册编写的。

　　这套丛书以青少年为阅读对象，力求内容准确可靠，详略得当，行文通俗，简洁流畅，注重知识性、趣味性、可读性，让青少年较为系统地了解家乡的自然环境、山川河流、资源物产、悠久历史、杰出人物、文化遗产、民俗风情、名胜古迹、经济建设……感受祖国各地的家乡之美。通过这些文化元素的熏陶，培养青少年对祖国和家乡的朴素感情，引导青少年热爱生于斯、长于斯的这片沃土，陶冶情趣，铸造性情。希望广大青少年认真阅读，汲取这套家乡文化读本中的精华，进而树立热爱家乡、热爱祖国的决心和信念，为建设家乡、建设祖国贡献力量。

（原新闻出版总署署长）

2014年2月6日

目 录 CONTENT

第一章

说不尽巴山蜀水

　　"噫，吁戏，危乎高哉！蜀道之难，难于上青天！"
诗人李白在 1000 多年前曾发出这样的惊叹，我们由此也
可以想见，四川有多少雄奇险峻的名山大川。

∧四姑娘山

我爱四川

第一节 四川自然环境概述

一、地质、地貌、地形

四川省地跨青藏高原、横断山脉、云贵高原、秦巴山地、四川盆地几大地貌单元，地势西高东低，由西北向东南倾斜。最高点是西部的大雪山主峰贡嘎山，海拔高达 7556 米。地形复杂多样。以龙门山—大凉山一线为界，东部为四川盆地及盆缘山地，西部为川西高原。

川西高原为青藏高原东南缘和横断山脉的一部分，地面海拔 4000——4500 米，分为川西北高原和川西山地两部分。川西北高原地势由西向东倾斜，分为丘状高原和高平原。丘谷相间，谷宽丘圆，排列稀疏，广布沼泽。川西山地西北高、东南低。根据切割深浅可分为高山原和高山峡谷区。川西高原上群山争雄、江河奔流，长江的源头及主要支流在这里孕育古老与神秘的文明。

四川盆地由连结的山脉环绕而成，位于中国大西部东缘中段，长江上游，囊括四川中东部和重庆大部，是川渝的主体区域。四川盆地的面积达 26 万余平方公里，占四川省面积的 46%。四川盆地西依青藏高原和横断山脉，北近秦岭，与黄土高原相望，东接湘鄂西山地，南连云贵高原，盆地北缘米仓山，南缘大娄山，东缘巫山，西缘邛崃山，西北边缘龙门山，东北边缘大巴山，西南边缘大凉山，东南边缘相望于武陵山。这里的岩石，

<连绵的雪山

主要由紫红色砂岩和页岩组成。这两种岩石极易风化发育成紫色土。紫色土含有丰富的钙、磷、钾等营养元素，是我国最肥沃的自然土壤。四川盆地是全国紫色土分布最集中的地方，向有"紫色盆地"的美称。四川盆地底部面积约 16 万多平方公里，按其地理差异，又可分为川西平原、川中丘陵和川东平行岭谷三部分。

二、气候特征

四川气候总的特点有三：一是区域表现差异显著。东部冬暖、春旱、夏热、秋雨、多云雾、少日照、生长季长；西部则寒冷、冬长、基本无夏、日照充足、降水集中、干雨季分明。二是气候垂直变化大，气候类型多，有利于农、林、牧综合发展。三是气象灾害种类多，发生频率高，范围大，主要是干旱，暴雨、洪涝和低温等也经常发生。

四川盆地中亚热带湿润气候区，即四川盆地及周围山地。该区全年温暖湿润，年均温16—18℃，日温≥10℃的持续期240—280天，积温达到4000—6000℃，气温日较差小，年较差大，冬暖夏热，无霜期230—340天。盆地云量多，晴天少，全年日照时间较短，仅为1000—1400小时，比同纬度的长江流域下游地区少600—800小时。雨量充沛，年降水量达1000—1200毫米。

川西南山地亚热带半湿润气候区。该区全年气温较高，年均温12—20℃，年较差小，日较差大，早寒午暖，四季不明显，但干湿季分明。降水量较少，全年有7个月为旱季，年降水量900—1200毫米，90%集中在5—10月。云量少，晴天多，日照时间长，年日照多为2000—2600小时。其河谷地区受焚风影响形成典型的干热河谷气候，山地形成显著的立体气候。

川西北高山高原高寒气候区。该区海拔高差大，气候立体变化明显，从河谷到山脊依次出现亚热带、暖温带、中温带、寒温带、亚寒带、寒带和永冻带。总体上以寒温带气候为主，河谷干暖，山地冷湿，冬寒夏凉，水热不足，年均温4—12℃，年降水量500—900毫米。天气晴朗，日照充足，年日照1600—2600小时。

春到峨嵋山＞

说不尽巴山蜀水

三、四川行政区划及历史变迁

四川，秦代置蜀郡。汉属益州。汉末三国时为蜀国地。唐大部属剑南道和山南东、山南西道。四川以益梓利夔四路得名。宋初设川峡路，后分设西川路和峡西路，合称"川峡路"，再分西川路为益州路、梓州路，分峡西路为利州路、夔州路，合称"川峡四路"，简称"四川路"，其间设四川制置使，为四川得名的开始。后改益州路为成都府路，改梓州路为潼川府路，分利州路为利州东、西路。元置四川省和四川行省和西蜀四川道；明置四川布政使司；清改四川省。

新中国成立后，将四川地区划分为川东、川南、川西、川北四行署和重庆市及西康省，均直属西南大区领导。1952 年 9 月 1 日，川东、川南、川西、川北 4 个行署区合并为四川省，成立省人民政府，省会为成都市。

1954 年 7 月 1 日，西南大区撤销后重庆市由中央直辖市改为四川省辖市。

1955 年 7 月 31 日，第一届全国人民代表大会第二次会议通过关于撤销西康省建制的决议。西康省人民委员会于 1955 年 9 月底撤销，其政务由四川省人民委员会接管。1955 年 10 月 1 日，西康省建制撤销，将西康和四川两省合并，原西康省所辖昌都地区划归西藏自治区管辖。此后，四川省的行政区划趋于稳定。

1997 年 3 月 14 日，第八届全国人民代表大会第五次会议批准设立重庆直辖市，管辖原重庆市、万县市、涪陵市和黔江地区所辖行政区域，共计 43 个区县（市），总面积 8.2 万平方公里，总人口 3002 万人。川、渝分治后，四川省现有 21 个地级行政区划单位，其中 18 个地级市：成都市、自贡市、攀枝花市、泸州市、德阳市、绵阳市、广元市、遂宁市、内江市、

我爱四川

乐山市、南充市、宜宾市、广安市、达州市、眉山市、雅安市、巴中市、资阳市；3个自治州：阿坝藏族羌族自治州、甘孜藏族自治州、凉山彝族自治州。下辖183个县级行政区划单位（其中：48个市辖区、14个县级市、117个县、4个自治县）。省会是成都市。

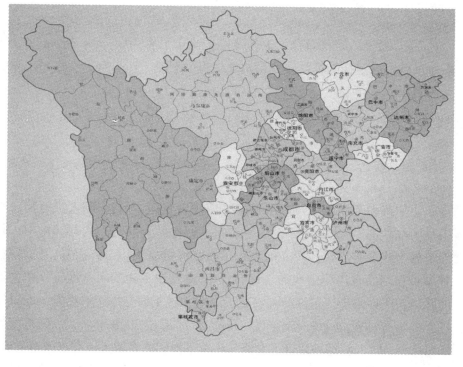

∧四川政区

说不尽巴山蜀水

第二节　四川的名山

"噫，吁戏，危乎高哉！蜀道之难，难于上青天！"诗人李白在1000多年前曾发出这样的惊叹。我们由此也可以想见，四川有多少雄奇险峻的名山大川。

一、大巴山

唐代诗人李商隐在《夜雨寄北》诗中曾写道："君问归期未有期，巴山夜雨涨秋池。"此处的"巴山"即指大巴山脉。其为中国西部大山，是四川省与陕西省界山。广义的大巴山系指绵延重庆市、四川省、陕西省、甘肃省和湖北省边境山地的总称。长1000公里。为四川盆地、汉中盆地的界山。属褶皱山。东端与神农架、巫山相连；西与摩天岭相接；北以汉江谷地为界。西北—东南走向。山峰大部分海拔2000米以上，因石灰岩分布广泛，喀斯特地貌发育，有峰丛、地下河、槽谷等。还有古冰川遗迹。河谷深切，山谷高差800—1200米，只有重庆城口、四川万源等少数小型山间盆地。

我爱四川

二、峨眉山

峨眉山位于中国四川峨眉山市境内，景区面积 154 平方公里，最高峰万佛顶海拔 3099 米。地势陡峭，风景秀丽，有"秀甲天下"之美誉。气候多样，植被丰富，共有 3000 多种植物，其中包括世界上稀有的树种。它是中国四大佛教名山之一，有寺庙约 26 座，重要的有八大寺庙，佛事频繁。1996 年，峨眉山与乐山大佛共同被列入《世界自然与文化遗产名录》，成为全人类自然和文化双重遗产。2007 年，峨眉山景区被国家旅游局首批正式批准为国家 5A 级旅游风景区。

三、大雪山

大雪山是大渡河和雅砻江的分水岭、四川省西部重要地理界线，属横断山脉北部，南北走向。它北接牟尼芒起山，南至小相岭，长 350 多公里。属断块山地。一般海拔 5000 米。亦称折多山，有"塞外屏障"之称。山上终年积雪、空气稀薄，气候严寒，荒无人烟。中国工农红军长征时曾经此山。折多山也是传统意义上的藏汉分界线，以此山为界，东、西两个方向的藏族民俗风情差异很大：东面的藏民生活方式已经很现代；而西面的藏民至今还完整地保留着古朴的藏民族生活习惯。折多山一线的地理地貌由于受岷江、大渡河等水系的强烈切割，地形高差大，沟壑密布，山岭纵横，且林木茂密、气候湿润，带有典型的亚热带温湿谷地特征。

主峰贡嘎山（藏语，意为最高的雪山），海拔 7556 米，为四川省最高峰，被称为"蜀山之王"。贡嘎山以冰川闻名，山麓有现代冰川 159 条，面积

<贡嘎雪山

达390多平方公里，是世界上海洋性冰川最早发育地区之一。其中著名的有海螺沟一号冰川、贡巴冰川、巴旺冰川、燕子沟冰川和靡子沟冰川，冰层厚度达150—300米，十分壮观。

四、邛崃山

邛崃山，在四川省西部。南北绵延约250公里，海拔4000米左右，是岷江和大渡河的分水岭，为四川盆地灌县至天全一线以西山地的总称。自北向南主要有海拔5551米的霸王山、海拔5072米的巴朗山、海拔5338米的夹金山和海拔3437米的二郎山等山。山体由花岗岩、石灰岩、结晶灰岩、大理岩、砂板岩等组成，耐风化侵蚀。山体褶皱强烈，山峰峻峭，山脊海拔达5000米以上。海拔5000米以上地区积雪终年不化，有现代冰川分布，并有古冰川遗迹。山脉近南北向，东陡西缓，当河流横切山脊时往往形成深邃峡谷，多跌水，富水力资源，已建有鱼子溪电站。主峰四姑娘山海拔6250米，为四川第二高峰，被喻为"蜀山皇后"。

我爱四川

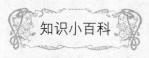

知识小百科

四姑娘山的传说

　　四姑娘山位于阿坝藏族羌族自治州小金县与汶川县交界处，是横断山脉东部边缘邛崃山系的最高峰。四姑娘山由四座连绵不断的山峰组成，它们从北到南，在3至5公里范围内一字排开，其高度分别为6250米、5664米、5454米、5355米。这四座山峰长年冰雪覆盖，如同头披白纱、姿容俊俏的四位少女，依次屹立在长坪沟和海子沟两道银河之上。四姑娘中以幺妹最为身材苗条、体态婀娜。现在人们常说的"四姑娘"指的就是这座最高最美的雪峰。四姑娘山被当地藏民崇敬为神山。相传为四位美丽善良的姑娘，为了保护她们心爱的大熊猫，同凶猛的金钱豹作英勇斗争，最后变成了四座挺拔秀美的山峰，即四姑娘山。

五、天台山

　　国家重点风景名胜区天台山位于"文君故里"四川省邛崃市西南端，地处邛崃山脉的尾部。它是四川大熊猫栖息地，为蜀中名山。其距成都110公里，距邛崃45公里，景区面积达192平方公里，山顶面积约40平方公里，主峰玉霄峰海拔1812米。天台山为国内罕见的箱状向斜山地，丹霞地貌变化丰富，山体由西南向东北倾斜成U字形，山势亦由低到高，形成三级台地，故有"天台天台，登天之台"之说。景区气候温和，雨量充沛，年均气温16℃，森林覆盖率达94.4%，动植物种类丰富，有珙桐、红豆杉、银杏等20余种国家保护的珍稀植物及大熊猫、红腹角雉、大鲵等7种国家保护的珍稀动物。目前，天台山已纳入四川省大熊猫栖息地世界自然遗产的范围。金龙河自天台山主峰玉霄峰蜿蜒而下，一路上铺成了瀑布、叠溪、长滩、深潭，水景线密集，诸多景观依水幻化，形成了"九十里长河八百川，九千颗怪石两千峰"的中国山水画长卷。天台山是山岳型风景区以玩水为主题的旅游胜地。

六、青城山

青城山为邛崃山脉的分支，位于四川省都江堰市西南、成都平原西北部、青城山—都江堰风景区内，距成都 68 公里，距都江堰市区 16 公里。古称丈人山，青城山背靠千里岷江，俯瞰成都平原。主峰老霄顶海拔 1260 米（2007 年测到的数据）。全山林木青翠，四季常青，诸峰环峙，状若城廓，故名青城山。丹梯千级，曲径通幽，以幽洁取胜，自古就有"青城天下幽"的美誉，与剑门之险、峨眉之秀、夔门之雄齐名。青城山分前、后山。前山是青城山风景名胜区的主体部分，约 15 平方公里，景色优美，文物古迹众多，主要景点有建福宫、天师洞、朝阳洞、祖师殿、上清宫等；后山总面积约 100 平方公里，水秀、林幽、山雄，高不可攀，直上而去。冬天寒气逼人、夏天则凉爽无比，蔚为奇观，主要景点有金壁天仓、圣母洞、山泉雾潭、白云群洞、天桥奇景等。

七、二郎山

二郎山在天全县境内，省级风景名胜区，是青衣江、大渡河的分水岭，为自然地理的分界线。二郎山因一曲雄浑激越的《歌唱二郎山》流传久远，引起人们无尽的向往和遐思。境内峰峦叠翠，林海茫茫，峡谷幽深。山顶可观蜀山之王贡嘎雪峰奇观。二郎山脚下的喇叭河保持了良好的原始风貌，

我爱四川

∧ 二郎山

珍稀动物牛羚、水鹿在此极占优势。红灵山巍峨险峻，卧佛山如佛侧卧，万佛崖上的天然群佛各异。舍身崖的金顶、睹光台，小西天的望经台，雷音寺的南天门皆险峻陡峭，可观云海、日出、日落，欣赏"日月同辉"奇观。

八、西岭雪山

西岭雪山为成都市大邑县境内著名景区，总面积483平方公里。区内有茫茫的原始林海，险峻的悬崖绝壁，数不尽的奇花异草，罕见的珍禽异兽，终年不断的激流飞瀑，云海、日出、森林佛光、阴阳界、日照金山等变化莫测的高山气象景观，是国家级风景名胜区。景区内最高峰庙基岭海拔5364米，是成都第一峰，矗立天际，终年积雪。在阳光照射下，洁白晶莹，银光灿烂，秀美壮观。诗人杜甫当年来此，盛赞此景，留下了"窗含西岭千秋雪，门泊东吴万里船"的绝句，西岭雪山也因此得名。

第三节　四川的大河及湖泊

四川境内河网密布。除川西北的白河、黑河属黄河水系外，其余均属于长江水系。四川共有大小河流 1300 多条，以长江为主干，构成一个完整的向心水系。长江干流横贯盆地南侧，支流大部分集中在北岸，主要有雅砻江、岷江、沱江、嘉陵江。长江的九大支流中，四川就占了 5 条。四川省湖泊大多分布于西部和西北部高山高原区，多数湖泊为冰蚀湖、溶蚀湖、堰塞湖，部分为古河道与牛轭湖。全省天然湖泊有 1000 多个，但水域面积多不大，一般都在 1 平方公里以下。其中较大者有泸沽湖、邛海、马湖等。

一、长江

长江为亚洲第一大河，其流域面积、长度、水量都占亚洲第一位。它发源于青藏高原唐古拉山的主峰各拉丹冬雪山。长江流域从西到东约 3,219 公里，由北至南 966 公里余。长江流经青海省、西藏自治区、四川省、云南省、重庆市、湖北省、湖南省、江西省、安徽省、江苏省和上海市计 11 个省级行政区，入东海。长江全长 6397 公里，是世界第三长河，仅次于非洲的尼罗河与南美洲的亚马逊河，水量也是世界第三。总面积 1808500

我爱四川

平方公里（不包括淮河流域），约占全国土地总面积的 1/5，和黄河一起并称为"母亲河"。自青海省玉树县境的巴塘河口至四川省宜宾岷江口，称金沙江，长 2308 公里；宜宾岷江口至长江入海口约 2800 余公里，通称长江，其中宜宾至湖北省宜昌间称"川江"。

二、雅砻江

雅砻江是四川省西部河流，为长江上游金沙江的支流。它发源于青海省巴颜喀拉山南麓，东南流入四川省西北部，在甘孜以下称雅砻江，沿大雪山西侧经新龙、雅江等县至云南边界渡口市注入金沙江。其干流总长约 1500 公里，流域面积 14.4 万平方公里。它水流湍急，水力资源丰富。因为酷似它的母亲金沙江，又有"小金沙江"之称。

三、岷江

岷江是长江重要支流，发源于岷山南麓，流经松潘、汶川等县到灌县出峡，分内外两江到江口复合，经乐山接纳大渡河，到宜宾汇入长江。全长 793 公里，流域面积 133,500 平方公里。流经的四川盆地西部是中国多雨地区，因此水量丰富，年径流量 900 多亿立方米，为黄河的两倍多。水力资源蕴藏量占长江水系的 1/5。岷江是都江堰的主水源，也是川西"母亲河"。

说不尽巴山蜀水

<岷江

四、沱江

沱江位于四川省中部，是四川一条与众不同的大河。沱江的发源地，是四川盆地西北缘的九顶山。这座山里的东、中、西三处分别流出许多溪流，逐渐汇成三条较大的支流：西边一条湔江，长 139 公里；中间一条石亭江，长 141 公里；东边一条绵远河，长 180 公里。它们汇合在金堂赵镇附近，才正式成为沱江干流。因为绵远河最长，所以现在把它定为沱江的正源。在赵镇又接纳沱江支流——毗河、清白江、湔江及石亭江等四条上游支流后，穿龙泉山金堂峡，经简阳市、资阳市、资中县、内江市等至泸州市汇入长江。全长 712 公里，流域面积 3.29 万平方公里。流域多年平均降水量 1200 毫米，年径流量 351 亿立方米，水力资源蕴藏量约 186.7 万千瓦。

五、嘉陵江

嘉陵江为长江上游的支流，是国家 5A 级风景区。它是长江水系中流

我爱四川

域面积最大、长度仅次于汉水、流量仅次于岷江的大河。它因流经陕西省凤县东北嘉陵谷而得名。嘉陵江发源于秦岭，来自陕西省凤县的东源与甘肃天水的西汉水汇合后，西南流经略阳，直至略阳县两河口以下始称嘉陵江。它穿过大巴山，至四川省广元市昭化纳白龙江，南流经南充到合川先后与涪江、渠江汇合，到重庆市注入长江。其长 1,119 公里，流域面积近 16 万平方公里。嘉陵江在四川剑阁县昭化以上为上游，行经高山地区，多暴雨，有"一雨成灾"之说；昭化至重庆市合川区为中游，有航运之利；合川以下为下游段。嘉陵江切穿华蓥山南延三条支脉后，形成风光绮丽的沥鼻、温塘、观音三个峡谷，于重庆朝天门码头汇入长江。

六、黔江

长江在四川盆地的最后一条大支流，是南岸的黔江。黔江上游是贵州境内的乌江，发源于黔西的乌蒙山区，在涪陵注入长江，全长 1050 公里。黔江水深流急，礁石林立，两岸危崖耸立，向以"天险"著称。解放后整治了近百处险滩暗礁，开拓了 500 公里的机动船航道，实现了中下游的日夜全程航行。

七、泸沽湖

泸沽湖古称鲁窟海子，又名左所海，俗称亮海。泸沽湖为川滇两省界湖，位于四川省凉山彝族自治州盐源县与云南省丽江市宁蒗彝族自治县之间，是四川的第一大天然淡水湖。湖面海拔约 2690.75 米，面积约 48.45 平方公里。平均水深 45 米，最深处达 93 米，透明度高达 11 米，最大能

<泸沽湖

见度为 12 米，湖水清澈蔚蓝，是云南海拔最高的湖泊，也是中国最深的淡水湖之一。湖中有 5 个全岛、三个半岛和一个海堤连岛，形态各异，翠绿如玉。四川约占总面积的 2/3，云南占总面积的 1/3。四川一侧湖岸线要比云南的湖岸线长得多。泸沽湖畔居住着众多少数民族，以纳西族摩梭人为主。摩梭人是中国唯一仍存在的母系氏族社会，实行"男不娶，女不嫁"的"走婚"制度。泸沽湖素有"高原明珠"之称。

八、邛海

邛海，四川省第二大淡水湖。位于四川省凉山彝族自治州西昌市，古称邛池，属更新世早期断陷湖，至今约 180 万年。距市中心 7 公里，卧于泸山东北麓，螺髻山北侧，山光云影，一碧千顷，是四川省十大风景名胜区之一。其形状如蜗牛，南北长 11.5 公里，东西宽 5.5 公里，周长 35 公里，水域面积 31 平方公里；湖水平均深 14 米，最深处 34 米；水面标高

我爱四川

邛海＞

为 1507.14—1509.28 米；水位变幅小，集水面积约 30 平方公里。2002 年
5 月，四川邛海－螺髻山风景名胜区经国务院批准列入第四批国家级风景
名胜区名单。

九、马湖

马湖位于四川凉山彝族自治州雷波县境内，水域面积 7.235 平方公里，
距县城 47 公里，距西昌和乐山各 280 公里，距宜宾 137 公里。马湖属高
原大型天然深水湖泊，东、西、南三面为高山屏障，北面为玄武岩、石灰
岩碎块堆积而成的天然石坝。湖区港湾深幽，湖岸曲折多变，湖底灰岩层
光滑细腻，无淤泥，湖水四季盈盈，清澈透明，无任何污染。湖周沿岸由
茶园和森林环绕，林木苍翠，湖光山色交相辉映，风光秀美绮丽。金沙江
峡谷山体陡峭，江水湍急，绝壁高耸，怪石如林，极为险峻。区内为彝族
聚居地，富有民族特色的村寨，历史和文化遗迹，为景区增添了情趣。马

湖景区内分布着大量原始森林，古树参天，藤蔓缠绕，地衣苔藓遍地，充满了原始古朴气息。

第四节　成都平原——西部最富饶的平原

　　成都平原又称盆西平原或川西平原，四川话称为"川西坝"，是中国西南地区最大平原，中国最大芒硝产地。成都平原位于龙泉山和龙门山、邛崃山之间，北起江油，南到乐山五通桥，行政区划上包括成都市、德阳市、绵阳、乐山、眉山等地。平原西北侧是龙门山，东南侧是龙泉山，两山之间的地堑平原由岷江、沱江冲积扇构成，面积约 7,000 平方公里。扇形地顶点灌县附近海拔约 750 米，前缘为 520 米。由于地形倾斜，易灌易排，气候温和，土质肥沃，历来是人口稠密的重要农业区。成都平原农田水利十分发达，远在公元前 250 年的秦代就修建了举世闻名的都江堰水利工程，引岷江水灌溉平原上广大农田，成为四川省种植业发展最早的地区之一。近 50 年，经过不断的治理改造和扩建，都江堰灌溉面积增加了 3 倍，灌溉面积达 53—67 万公顷。
　　成都平原耕地集中连片，土壤肥沃，河渠纵横密布，属典型的水田农业区，农作物一年两熟或三熟。是中国重要的水稻、棉花、油菜籽、小麦、柑橘、柚子、油桐、茶叶、药材、蚕丝、香樟产区，向有"天府之国"美誉。其中水稻、小麦和油菜，产量高而稳定，常年提供的商品粮、油分别约占四川全省的 1/5 和 2/5，是四川和全国著名的商品粮、油生产基地。养猪水平居全省前列，是四川生猪基地。
　　成都平原气候属亚热带湿润季风气候。年均温 18℃左右。年均降水量在 1000 毫米以上，年雨天平均约 300 天，多雾，是中国阴雨天气最多的地区之一。但因平原邻近川西高原山地，深受山地下沉的冷空气的影响，加之平原河水大多来自西部高原山地的冰雪融水，同时，平原上地势低洼的古河道地区，地下水位高，土壤冷湿。故成都平原无论气温、水温和土温均较低，热量条件较之四川盆地其他地区稍为逊色。

"九天开出一成都，千门万户入画图"，李白曾发出如此赞叹。成都平原不仅沃野千里，物产丰饶，而且美景如画，地灵人杰。这里不仅有中国最有名的三国文化纪念地武侯祠及中国最伟大的现实主义诗人杜甫曾居住过的杜甫草堂，还有四季常青、以幽取胜的道教名山青城山，以及终年积雪、四季可游的西岭雪山，不愧为旅游圣地。

自古文人多入川。卓文君和司马相如曾在这里当垆卖酒，薛涛笺至今散发余香，苏东坡和苏小妹以诗词互相戏谑的传闻逸事更是妇孺皆知。元稹、岑参、黄庭坚、陆游都曾来过这里，司马相如、王褒、扬雄、陈子昂、李白、苏东坡三父子、吴玉章、张大千、郭沫若、巴金均生于斯地，他们是天府之国奉献给中华文化的杰出人物。

近年的考古发现表明，成都平原是长江上游的古代文明中心。广汉三星堆遗址一、二号祭祀坑和成都市金沙村遗址的发现表明，殷商时期成都平原的古蜀国有着高度灿烂的古代文明，三星堆遗址是古蜀王国的都城所在，金沙村遗址是继三星堆遗址后古蜀国的又一文明中心。新津宝墩等 6 个史前古城遗址的考古调查、发掘，证明了古蜀文明是源于川西地区，带有明显地方特征的长江上游古代文明，成都平原则是长江上游的古代文明中心。

这里生活闲适安逸。常常在天下饥荒四起、饿殍千里的时候，这里却是"水旱从人，不知饥馑"，还能悠闲地喝一杯茶，摆一摆龙门阵。这里的宽容与休闲被西方人目睹，称其为"东方伊甸园"。

∧ 成都地区航拍

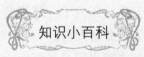

成都平原是怎么来的

　　成都平原原来是又宽又深的大海，叫西海，人们世世代代只能在船上生活，吃尽了苦头。后来有一位白胡子老人告诉大家去天帝老爷那里借神土填海，但向天帝说了半天也不借。大家趁天帝睡熟，急忙捧起神土转身就跑。被惊醒的天帝来不及追上，只好答应"明天早上五更，定要收回神土"。大家向西海撒下神土，土到水退，现出陆地，大家欢呼雀跃，连忙开田种稻、栽桑养蚕。为了不让天帝听到五更的打更声，成都晚上从此不打五更。神土填成的成都平原非常肥沃，插根扁担都会发芽长大，种啥都有好收成，人们称为"天府之国"。

我爱四川

第二章

天府之国 沃野之都

四川地域辽阔，土壤类型丰富，垂直分布明显。平原、丘陵主要为水稻土、冲积土、紫色土等，是全省农作物主要产区。高原、山地依海拔高度分别分布不同土壤，其中多数有利于不同作物的生长。

∧ 天府之国 沃野之都

第一节　土地资源

四川省总面积 48.14 万平方公里，居全国各省市自治区第 5 位。四川地貌类型复杂多样，以多山和高原为特色，具有山地、丘陵、平原和高原 4 种地貌类型，分别占全省幅员的 77.1%、12.9%、5.3%、4.7%。土壤类型丰富多样，全省土壤类型共有 25 个土类、66 个亚类、137 个土属、380 个土种，土类和亚类数分别占全国总数的 43.48% 和 32.60%。

四川 8 亿 5 千万亩土地总面积中，耕地约 1 亿亩，草原草地 2 亿亩，森林面积 1 亿 1 千万亩。从土地资源结构的地区分布来看也很不平衡，百分之九十以上的耕地集中在东部盆地，草原、林地则主要集中在西部高原山地。东部盆地水热条件优越，人口众多，精耕细作，历史悠久，生产发达，土地生产率高；西部高原山地除少数河谷地区外，地形复杂，气候高寒，经济较落后，土地生产率较低。

全省土地资源分为 8 个一级利用类型，45 个二级利用类型和 62 个三级利用类型。除橡胶园以外，其他省的一、二级土地利用类型四川都有，在全国极富代表性。土地利用以林牧业为主，林牧地集中分布于盆周山地和西部高山高原，占总土地面积的 69.2%；耕地则集中分布于东部盆地和低山丘陵区，占全省耕地的 85% 以上；园地集中分布于盆地丘陵和西南山地，占全省园地的 70% 以上；交通用地、居民点及工矿用地集中分布在经济较发达的平原区和丘陵区。

四川地域辽阔，土壤类型丰富，垂直分布明显。平原、丘陵主要为水稻土、冲积土、紫色土等，是全省农作物主要产区。高原、山地依海拔高

　　　　　　　　　　　　　　　　　　　　天府之国　沃野之都

∧ 四川地区航拍

度分别分布不同土壤，其中多数有利于不同作物的生长。

第二节　水资源

　　四川省水资源丰富，居全国前列。全省降雨量大，多年平均降水量约为 4889.75 亿立方米。水资源以河川径流最为丰富，境内共有大小河流近1400 条，被誉为"千河之省"。全省水资源总量共计约为 3489.7 亿立方米。另外还有地下水资源量 546.9 亿立方米，可开采量为 115 亿立方米。境内遍布湖泊冰川，有湖泊 1000 多个、冰川约 200 余条，还有一定面积的沼泽，分布于川西北和川西南，湖泊总蓄水量约 15 亿立方米，加上沼泽蓄水量，共计约 35 亿立方米。

　　四川水资源总的特点是：总量丰富，人均水资源量高于全国，但时空分布不均，形成区域性缺水和季节性缺水；水资源以河川径流最为丰富，但径流量的季节分布不均，大多集中在 6—10 月，而且洪旱灾害时有发生；河道迂回曲折，有利于农业灌溉；天然水质良好。

　　四川的地下热水资源也非常丰富，全省已发现温泉（群）354 处，地下热水钻孔 114 个，四川的地下热水及地热能开发利用有广阔的前景。

　　四川属于长江水系。长江横贯全省，宜宾以上称金沙江，宜宾至合江县河段又名川江或蜀江。川江河段长 293 公里，出川断面控制流域面积 65 万平方公里，多年平均径流量 2693 亿立方米。川江北岸支流多而长，著名的有岷江和沱江。南岸河流少而短，呈极不对称的向心状水系。

　　四川的天然湖泊虽有 1000 余个，但水域面积多不大，一般都在 1 平方公里以下。其中较大者有泸沽湖，位于四川盐源县与云南宁蒗县之间，面积 72 平方公里。湖面海拔 2700 米，是高原上的一个断陷湖。邛海，古名邛池，位于西昌市东南 5 公里。水域面积 31 平方公里，最深处 34 米，是四川最大的湖泊。湖面海拔 1510 米。新路海，位于甘孜州雀儿山东南麓，海拔 4118 米，为冰蚀湖，也是四川海拔最高的湖泊之一。南北长约 3 公里，东西宽 1 公里。

知识小百科

新路海

　　新路海是我国最大的冰川终碛堰塞湖，位于德格县境内的雀儿山下，川藏公路侧，距甘孜县城 98 公里。海拔 4040 米，平均深度 10 米，最深处 15 米，是甘孜州著名的冰蚀湖。水源由雀儿山冰川和积雪消融供给，湖尾流出的溪流为措曲河源头之一。

　　新路海藏语名为玉龙拉措，玉是心，龙是倾，拉措是神湖。相传藏族著名史诗《格

第三节　生物资源

四川省生物资源丰富，有许多珍稀、古老的动植物种类，是全国乃至世界珍贵的生物基因库之一。

全省有高等植物近万种，占全国总数的 1/3，仅次于云南居全国第二位。其中苔藓植物 500 余种；维管束植物 230 余科、1620 余属；蕨类植物 708 种；裸子植物 100 余种（含变种）；被子植物 8500 余种；松、杉、柏类植物 87 种，居全国之首。在全国 388 种珍稀濒危保护植物中，四川有 74 种，其中国家一级 3 种、二级 32 种、三级 39 种，分别占全国各级重点保护植物种数的 37.5%、20% 和 18%。有各类野生经济植物 5500 余种，其中药用植物 4600 多种，全省所产中药材占全国药材总产量的 1/3，因此四川是全国最大的中药材基地；芳香及芳香类植物 300 余种，是全国最大的芳香油产地；野生果类植物达 100 多种，其中以猕猴桃资源最为丰富，居全国之首，在国际上享有一定声誉；菌类资源十分丰富，野生菌类资源达 1291 种，占全国的 95%。年末全省森林覆盖率为 30.8%，木材蓄积量居全国第二。

四川动物资源丰富，有脊椎动物 1246 种，占全国总数的 45% 以上，兽类和鸟类约占全国的 53%。其中：兽类 217 种，鸟类 625 种，爬行类 84 种，两栖类 90 种，鱼类 230 种。四川野生动物中属国家重点保护的有 144 种，

我爱四川

猕猴桃 >

占全国的 39.6%，居全国之冠。四川列入国家珍稀濒危保护的动物有 84 种，占全国的 21.6%。全省野外大熊猫数量为 1206 只，占全国 76%，其种群数量居全国第一位。动物中可供经济利用的种类占 50% 以上，其中：毛皮、革、羽用动物 200 余种，药用动物 340 余种。四川雉类资源极为丰富，素有雉类的乐园之称，雉科鸟类达 20 种，占全国雉科总数的 40%，其中有许多珍稀濒危雉类，如国家一类保护动物雉鹑、四川山鹧鹑和绿尾虹雉等。

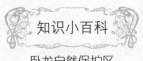

知识小百科

卧龙自然保护区

卧龙自然保护区位于四川省阿坝藏族羌族自治州汶川县西南部，邛崃山脉东南坡，是我国建立最早、栖息地面积最大、以保护大熊猫及高山森林生态系统为主的综合性自然保护区，被称为"大熊猫的故乡"。

天府之国　沃野之都

卧龙自然保护区地理条件独特、地貌类型复杂、风景秀丽、景观多样、气候宜人，区内建有相当规模的大熊猫、小熊猫、金丝猴等国家保护动物繁殖场；有世界著名的"五一棚"大熊猫野外观测站；有国内迄今为止以单一生物物种为主建立博物馆的大熊猫博物馆。

∧ 卧龙自然保护区

第四节　能源资源

　　四川省能源资源丰富，以水能、煤炭和天然气为主，水能资源约占75%，煤炭资源约占23.5%，天然气及石油资源约占1.5%。

　　四川有河流1400多条，流域面积在500平方公里以上的有343条，

∧ 雅砻江水电站

蕴藏了丰富的水资源和巨大的水能资源。省内河流年径流量约 2600 亿立方米，居全国之冠。主要河流多流经峡谷，汹涌湍急，形成优质能源。全省水能资源理论蕴藏量达 1.43 亿千瓦，占全国的 21.2%，仅次于西藏。其中：技术可开发量 1.03 亿千瓦，占全国的 27.2%；经济可开发量 7611.2 万千瓦，占全国的 31.9%，均居全国首位。全省水能资源集中分布于川西南山地的大渡河、金沙江、雅砻江三大水系，约占全省水能资源蕴藏量的 2/3，也是全国最大的水电"富矿区"，其技术开发量占理论蕴藏量的 79.2%，占全省技术开发量的 80%。可建 1 万千瓦以上的水电站的站址有 200 多处，百万千瓦以上水电站的站址有 20 多处。雅砻江上的二滩水电站总装机容量达 330 万千瓦。

全省煤炭资源保有储量 97.33 亿吨，探明储量约占全国总储量的 0.9%。油、气资源以天然气为主。石油资源储量很小，四川盆地累计探明新增地质储量 6796 万吨。而四川盆地天然气资源十分丰富，遍布于盆地内 12 个市、州，且气田气占 98% 以上，是国内主要的含油气盆地之一，已发现天然气资源储量达 7 万多亿立方米。四川生物能源也比较丰富，每年有可开

天府之国 沃野之都

发利用的人畜粪便量 3148.53 万吨，薪柴 1189.03 万吨，秸秆 4212.24 万吨，沼气约 10 亿立方米。泥炭资源初步查明储量约 20 亿吨。此外，太阳能、风能、地热资源也较为丰富，有待开发利用。

第五节　矿产资源

四川成矿地质条件优越，矿产资源丰富且种类齐全，已发现矿产 132 种，占全国总数的 70%。已探明一定储量的有 94 种，有 32 种矿产保有储量居全国前 5 位。其中：钒、钛、硫铁矿等 7 种矿产居全国第一位，钒、钛具有世界意义，钛储量占世界总储量的 82%、钒储量占世界总储量的 1/3；天然气、锂矿、芒硝等 11 种矿产居全国第二位；铂族金属、铁矿等 5 种矿产居全国第三位；炼镁用白云岩、轻稀土矿等 8 种矿产居全国第四位；磷矿居全国第五位。

据不完全统计，除石油、天然气外，探明储量的矿产地 1383 处，开发利用矿区 576 处，其中矿床 1277 处，大、中型矿床 546 处。

四川矿产资源的特点：一是分布相对集中，具有明显的地域性。四川矿产集中分布在川西南（攀西）、川南、川西北三个区，并各具特色。川西南以黑色、有色金属和稀土资源为优势，其他矿产也很丰富且组合配套好，是我国的冶金基地之一；川南以煤、硫、磷、岩盐、天然气为主的非金属矿产种类多，蕴藏量大，是我国化工工业基地之一；川西北稀贵金属（锂、铍、金、银）和能源矿产（铀、泥炭）资源丰富，是潜在的尖端技术产品的原料供应地。二是已探明储量的矿产中贫矿多、富矿少。除铅、锌、镉、银、岩盐、钙芒硝等品位稍高外，其他矿产多为中、贫矿。三是共生、伴生矿多,具有重要的综合利用价值。如攀西的钒钛磁铁矿为铁、钒、钛共生,川南的煤矿为煤、硫共生,川西北的锂矿为锂、铍共生。四是资源总量丰富,但人均占有量低于全国水平;资源种类齐全,但多数矿种储量不足。目前除钒钛磁铁矿、岩盐、芒硝、铅锌、硫、铁矿、石棉、云母、金、磷、水泥灰岩等储量可满足开发需要外,多数矿产资源都存在资源数量不足,质量差、探明矿山不足的问题。

第六节　土特产品

一、蒙顶茶

蒙顶茶产于四川雅安市蒙山县。蒙山雅安两县,山势巍峨,峰峦挺秀,绝壑飞瀑,重云积雾,有上清、菱角、毗罗、井泉、甘露等五顶,亦称五峰。相传2000多年前,僧人甘露普慧禅师吴理真,"携灵茗之种,植于五峰之中"。吴理真在上清峰栽了7株茶树。这茶树"高不盈尺,不生不灭,迥异寻常","味甘而清,色黄而碧,酌杯中,香云罩覆,久凝不散",久饮此茶,有益脾胃,能延年益寿,故有"仙茶"之誉。"扬子江中水,蒙山顶上茶。"传说扬子江心水,味甘鲜美,用这种水泡蒙山中顶的仙茶,是人间最美的佳饮,常人不可得。蒙顶茶自唐朝起就被列为"贡茶",人们一直对其爱慕之至,赞语不绝。

<蒙顶山茶园

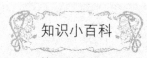

知识小百科

蒙顶茶的传说

　　相传很久以前，青衣江有个鱼仙，因厌倦水底的枯燥生活，遂变化成一个美丽的村姑来到蒙山，碰见一个名叫吴理真的青年，两人一见钟情。鱼仙掏出几颗茶籽，赠送给吴理真，订了终身，相约在来年茶籽发芽时，鱼仙就前来和理真成亲。鱼仙走后，吴理真就将茶籽种在蒙山顶上。第二年春天，茶籽发芽了，鱼仙出现了，两人成亲之后，相亲相爱，共同劳作，培育茶苗。鱼仙解下肩上的白色披纱抛向空中，顿时白雾弥漫，笼罩了蒙山顶，滋润着茶苗，茶树越长越旺。鱼仙生下一儿一女，每年采茶制茶，生活很美满。但好景不长，鱼仙偷离水晶宫，私与凡人婚配的事，被河神发现了。河神下令鱼仙立即回宫。鱼仙无奈，只得忍痛离去。临走前，嘱咐儿女要帮父亲培植好满山茶树，并把那块能变云化雾的白纱留下，让它永远笼罩蒙山，滋润茶树。吴理真一生种茶，活到八十，因思念鱼仙，最终投入古井而逝。后来有个皇帝，因吴理真种茶有功，追封他为"甘露普慧妙济禅师"。蒙顶茶因此世代相传，朝朝进贡。

二、宜宾竹荪

宜宾竹荪产于四川省宜宾市。竹荪，又名"竹参"、"僧竺薯"，属担子菌纲，鬼笔科真菌。菌体笔状，顶部有钟状菌盖，盖红色，表面有恶臭粘液。盖下有白色的网状部，向下垂。将菌盖臭头切去，晒干后有香味。竹荪质地细腻，味道鲜美，营养丰富，远在诸菌之上，自古以来，是高级筵席中的珍馐美肴。据测定，竹荪的蛋白质含量达20%以上，含人体必需的8种氨基酸，可消化率达80%以上，比任何蔬菜都高。据现代医学研究分析，竹荪菌糖中含有一定的抗癌物质，有防癌、治癌的功能。它可以调节人体的新陈代谢，降低血压，减少胆固醇。特别是腹壁脂肪过厚者，长期食用有减少腹壁脂肪的明显效果。仅用烩的方法就能烹制出几十道名菜，食味鲜香，风格别具。

宜宾竹荪 >

三、苍溪雪梨

苍溪雪梨，广元市苍溪县地方名产，在全国享有盛名。苍溪地处四川省北部，嘉陵江中游，土壤和气候环境条件都十分有利于雪梨的生长，雪梨栽培有 400 余年历史。苍溪雪梨果大核小，肉质脆嫩，汁多味香，甘甜化渣，被誉为"砂梨之冠"。苍溪雪梨属大果，最大单果重量可达 1.5 公斤以上，梨渣仅占果重的 5% 左右。苍溪雪梨既是鲜食的上品，也可加工制作罐头、烹制菜肴等。

四、郫县豆瓣

郫县豆瓣由成都市郫县人陈守信始创于清康熙年间，至今已逾 300 余年历史。其用料考究，精选上等鲜红辣椒、一流青皮蚕豆、优质面粉、精制食用盐为原料，通过长期翻、晒、露等传统工艺天然精酿发酵而成。香味醇厚却未加一点香料，色泽油润却未加任何油脂，全靠精细的加工技术和原料的优良而达到色、香、味俱佳的标准，具有瓣子酥脆化渣，酱脂香浓郁，红褐油润有光泽，辣而不燥，粘稠适度，回味醇厚悠长的特点。是烹调川菜的必备调料，被誉为"川菜之魂"。

知识小百科

郫县豆瓣的来历

相传明末清初，一移民在入蜀途中，其赖以充饥之蚕豆遇连日阴雨而霉生。不忍弃，

我爱四川

遂置于田埂晾干就以鲜辣椒拌和而食，竟鲜美无比，余味悠长，其后竟以此为生。此大概为郫县豆瓣之最初起源。清康熙年间，后人承传此道，于郫县开设作坊取本地区原料与清水，以此法大量生产豆瓣，渐成气候，"郫县豆瓣"亦始得名. 其间清咸丰年间创立"益丰和"，清光绪年间创立"元丰源"，"道生昌"、"三义公"、"德丰园"、"合浦园"等店号。"益丰和"、"元丰源"豆瓣自成特色，几经发展，"益丰和"、"元丰源"的两家酱园，规模逐渐形成，在郫县形成鼎立之势

五、川药

四川素有"中医之乡，中药之库"的美誉，更有"无川药不成方"之说。凡中药名前冠以"川"字的，多指以四川为主产，包括云南、贵州等地所产之部分药物。川药占全国中草药品种大约 75%，是中国三大药材基地之一。因为四川有得天独厚的地理环境优势，所产药物品种多、数量大、质量好，疗效也很高，故在药名前冠以"川"字，以示区别。四川气候复杂，地形复杂，又未受过第四纪大陆冰川的侵袭，生态环境和气候多样，使药材资源极为丰富，并呈明显的区域性和地带性分布。如高山的冬虫夏草、川贝母、麝香等；岷江流域的干姜、郁金等。其它如江油的附子，绵阳的麦冬，灌县的川芎，石柱的黄连，遂宁的白芷，中江的白芍、丹参，汉源的花椒，天全的川牛膝等不仅分布有明显的地域性，而且这些药材在国内外久负盛名。

六、川酒

川酒指产于四川地区的白酒，因四川产酒量大和知名品牌众多而闻名国内外。在中国消费市场上形成了"川酒云烟"的说法。四川是著名酒乡，有曲酒、白酒、果酒、药酒 1000 多种。其中有驰名全国的六大名酒，即

五粮液、全兴大曲、剑南春、泸州老窖、郎酒、沱牌曲酒，被誉为"六朵金花"，几乎占了全国名酒的 40%。

七、蜀锦

　　蜀锦是指四川省成都市所出产的锦类丝织品，大多以经向彩条为基础起彩，并彩条添花，其图案繁华、织纹精细，配色典雅，独具一格，是一种具有民族特色和地方风格的多彩织锦。它与南京的云锦、苏州的宋锦、广西的壮锦一起，并称为中国的四大名锦，有中国四大名锦之首的美誉，以年代久远，工艺独特而被誉为"东方瑰宝，中华一绝"，是中国珍贵的传统文化遗产。

∧ 蜀锦

第三章

濯锦清江万里流
——悠久的四川历史

　　三星堆是迄今在西南地区发现的范围最大、延续时间最长、文化内涵最丰富的古城、古国、古蜀文化遗址，是我国长江流域早期文明的代表，也是迄今为止我国信史中已知的最早的文明。其影响之大、价值之高，堪称世界文化遗产，被誉为"世界第九大奇迹"。

∧ 剑门关

我爱四川

第一节 从传说时代到秦统一巴蜀

一、最早的四川人

　　历史上的四川地区是我国古代文化发生最早的地区之一。早在200万年前，就有原始人类在这里生息繁衍。1985年在现重庆市巫山县龙骨坡发现的"巫山人"，是迄今为止我国境内发现的最早的人类化石，这一发现也为中国原始人起源于长江流域提供了新的佐证。

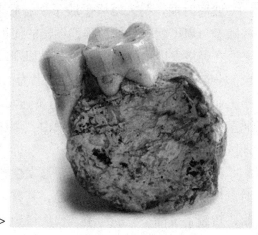

龙骨坡巫山人化石＞

濯锦清江万里流

据考古发现，资阳黄鳝溪、铜梁县城西、汉源县富林镇、成都羊子山、重庆九龙坡、攀枝花回龙湾等地都出土了不少打制石器，表明在旧石器时代晚期，大渡河、岷江、沱江流域均已形成区域性的文化中心。

新石器时代的文化遗址在四川地区分布得更为广泛，多达200余处，东至三峡，西到甘孜、阿坝，南及西昌、凉山，北到广元、阆中。这些文化遗址和遗物，与祖国其他地区的石器文化有着密切联系。如此广泛的物质文化联系，表明早在新石器时代四川与祖国其他地区就有了氏族部落间的经济文化交流。

二、蜀与巴的传说

古代四川分布了不少的氏族部落，而以蜀与巴为主。根据蜀人传说：蜀王之先，名蚕丛；后代名曰柏；再后者名鱼凫，此三代各数百年。大约在蚕丛氏统治时期，蜀人最初分布在岷江上游，人们居住在石室里，以狩猎捕鱼为业，其后向成都平原发展，经营初期农业。到鱼凫氏统治期内，虽仍从事射猎，但农业有所发展，剩余生产的增加，促进了阶级的分化。

殷商时期，蜀人臣服于殷王朝。后来蜀人参加了周武王伐纣的战争，并随着与周王朝联系的加强，铜器的使用逐渐广泛，农业、手工业发展起来。在经济发展的基础上阶级分化加剧，到杜宇氏时期，建立了奴隶制国家。杜宇氏以成都平原的郫邑和瞿上为活动中心，大力发展农业，功绩很大，手工业也有较大的发展，蜀国的力量强大起来，杜宇氏称望帝。其时的国境，北至汉中，东至嘉陵江，西至岷山、邛崃山，南至凉山自治州及云贵交界地区。

约在公元前7世纪，成都平原发生严重水灾，杜宇治水没有成效。这时，荆楚一支开明氏族迁来郫邑，其首领叫鳖灵，被任为相。鳖灵善于治水，疏浚了成都平原的河道，使民得到安处，博得很高威信。后来鳖灵取

我爱四川

代了杜宇的统治,号称开明帝,又称丛帝,定居于广都樊乡(今双流境内)。其后传12世。在鳖灵排除岷江水患以后,成都平原的农业生产获得了进一步发展。农作物的品种增多了,除种植水稻外,还生产菽豆、黍、稷等。其时,布帛金银的生产相当丰富。传说开明五世移居成都。此后为适应商品贸易的需要,产生了一套衡量制度。

随着蜀国经济的发展,国家力量更加强大。战国时,蜀北与秦争夺汉中,东联巴与楚为敌,不可一世。到开明末世由于阶级矛盾加剧,加上与巴相互攻战而力量削弱,公元前316年为秦所灭。

巴人来源也有许多传说,但以出于廪君之说最为可信。传说在远古时期,湖北长阳县武落钟离山居住有巴氏、樊氏等5个氏族,巴氏子务相在石穴中比赛掷剑取胜,被推为部落首领,尊为"廪君",率领部落成员向西迁移,在盐阳(今湖北恩施县境)夺取了当地一个母系氏族部落的盐场,进入四川东部,充分利用鱼盐之利,同时发展畜牧业,势力迅速增强。到周武王伐纣,巴人踊跃参加,作战勇猛。周灭殷后,以其宗室封于巴,带去了先进文化。在杜宇氏建立蜀国教民务农后,巴亦行教化,力农务,经济发展很快,阶级急剧分化,形成了奴隶制国家。

春秋时期的巴国,有国君、军队和一套职官制度,活跃于汉水中游,并与楚联姻,又和秦楚联合灭庸,分得了鄂西、川东之地,势力强大。公元前377年,巴蜀联军攻楚。当时楚用吴起变法,向地主封建制过渡。而巴国仍维持奴隶制,且发生内乱,国势渐衰。楚军节节胜利,巴国疆土日蹙,都城不断迁移,在秦惠文王派司马错率军灭蜀之后,趁势灭掉巴国。

古代巴蜀境内的劳动人民,创造了巴蜀文化。古代巴人能歌善舞,汉初令乐人练习这种歌舞,称为"巴渝舞"。巴人用鼓和钲一类的打击乐器,贵族用的乐器则以编钟最精致。巴蜀的铜兵器和其他器物的纹饰非常丰富。在古代巴蜀文化的遗迹中,最引人注意的是大石遗迹、悬棺葬和船棺葬绊。

三、三星堆和金沙文化

　　一直以来，对古蜀国的历史，我们所能触摸到的似乎只是远古的传说。而轰动世界的三星堆考古发现，以丰富的文化内涵和独特的造型艺术揭开了古蜀文明的神秘面纱，使我们看到了 4800 年前古蜀文明的灿烂和辉煌。

　　三星堆遗址位于广汉市城西南兴镇。1980 年起开始考古发掘，因有三座突兀在成都平原上的黄土堆而得名。遗址分布范围达 12 平方公里，是迄今在西南地区发现的范围最大、延续时间最长、文化内涵最丰富的古城、古国、古蜀文化遗址，其影响之大、价值之高，堪称世界文化遗产，被誉为"世界第九大奇迹"。三星堆文明上承古蜀宝墩文化，下启金沙文化、

∧ 三星堆出土文物

我爱四川

古巴国，前后历时约 2000 年，是我国长江流域早期文明的代表，也是迄今为止我国信史中已知的最早的文明。

　　2001 年春，在成都西郊一建筑工地的挖掘机下，金沙文化崭露头角。从这里接连出土的金器、玉器、石器、青铜器、象牙器等 1200 多件珍贵文物，再次震惊世界。据考古分析，这里可能是三星堆之后古蜀王国的都邑。金沙遗址是 21 世纪中国第一项重大的考古发现，为破解三星堆文明消亡之谜找到了有力证据。史学家称，金沙遗址是成都城市史的开端，把成都城市史提前到了 3000 多年前。

三星堆遗址 >

第二节 秦汉时期四川进入封建社会

一、秦对巴蜀的开发

秦统一巴蜀后，在四川地区采取了一系列改革措施：推行了中央集权的郡县制，设立了巴郡、蜀郡，郡下设县，逐渐改变了奴隶主分裂割据的状态；把商鞅"废井田，开阡陌"的办法推广于巴蜀地区，确立了封建土地私有制，同时实行了封建的赋役剥削制度，促使四川大部分地区由奴隶制向封建制转化。

秦多次大量移民入蜀，带来先进的生产技术，冶铁业发展起来。李冰为蜀郡守时，广凿盐井，盐业生产有了发展。张仪、张若在成都设置盐铁市官，管理盐铁。

秦时对水陆交通进行了整治，在川陕边境修整了褒斜道和金牛道，便利往来。在秦昭襄王后期，李冰父子兴修了著名的都江堰渠首工程，使成都平原成了千里沃野，促进了农业的发展，此外，还疏导文井江（西河）、白木江（南河）、洛水（鸭子河）、绵水（绵远河）等河道，促进了航运发展。

秦对巴蜀的开发，对秦灭六国和后来对汉高祖刘邦进行统一战争，都发挥了重大的作用。

都江堰 >

二、两汉时期四川的经济、政治与文化

汉承秦制，在今四川地区仍设巴、蜀两郡，以后又增设了广汉、犍为等郡。汉武帝时在四川设益州郡，"益州"这个名称就是从此时开始的。东汉末年，改设益州牧，职权加大。

在两汉时期，四川地区经济进一步发展。

汉代四川农业生产较发达。由于铁制农具的广泛使用及水利的发展，促进了农田的垦辟。巴蜀地区成为国内重要的粮食产地，曾经运送粮食到中原、江南等地赈济灾荒。农艺、畜牧也很发达。牦牛及笮马大量外销，盐井遍布四川，茶叶产量冠于全国，巴蜀富甲一方。

手工业有高度的发展。巴蜀是西南的冶铁中心，产地主要有临邛、武阳、南安等地。蜀郡、广汉设立工官，生产金银器、漆器、蜀刀，漆器生产不论产量、质量和行销范围，在全国都首屈一指。成都是全国重要的金

濯锦清江万里流

银器制作中心和织锦业中心，蜀锦生产达到相当高的水平。在农业和手工业发展的基础上，汉代四川的商业也很发达。成都成为仅次于长安的全国第二大都会。

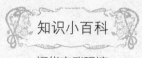

知识小百科

汉代玄武砚滴

　　汉代玄武砚滴，1991年四川省达州市出土。该砚滴青铜质，作一蛇伏于龟背上状，龟腿直立，其颈前伸，头昂立，双眼圆睁，口有一小孔，衔一耳杯。背甲阴刻的纹样规则清晰，背中央部位竖有一中空短管，短管外盘踞一条灵蛇，蛇体从头到尾有两条阴线，似爬行状，生动自然。龟甲边缘右侧有一管形环。龟体腔中空，水可由中部圆管注入，注满水后用拇指封住圆管，无论如何倾斜，水都无法从龟口处滴出。而当拇指移开后，稍作倾斜，水即可经龟颈从龟口的小孔滴出，以此来控制水的流量。龟甲后缘现有出土时留下的一条长约4厘米伤口。按照该文物的形制、纹饰特征分析，其当为东汉时期的玄武砚滴。玄武是古代"四灵"之一，其形象为龟蛇合一。砚滴是古代文房用具，研墨时加水之用。玄武砚滴既实用又可供观赏，反映出汉代人的思想观念和审美情趣。

<汉代玄武砚滴

随着经济的发达，大商人、大富豪兼并土地的现象愈益严重，加深了阶级矛盾。王莽代汉以后，统治更加残暴。在绿林、赤眉大起义的浪潮中，一些地方官乘机割据。蜀郡太守公孙述自临邛攻入成都，自称益州牧，公元25年自立为天子，国号为"成"，成国割据12年，后为刘秀所灭。

东汉中叶以后，外戚、宦官相继专政，民不聊生。公元184年，北方发生张角领导的黄巾大起义。黄巾起义被镇压下去后，益州黄巾余部马相、赵祗举起黄巾旗号，起义队伍发展到10余万人，最后被益州刺史从事马龙所组织的地主武装镇压下去。这时，刘焉以益州牧的身份来到蜀中，随即割据益州。

在两汉时期，四川地区随着经济的发展，文化上也有辉煌成就。汉景帝末，蜀郡守文翁在成都兴办学校，影响甚大。蜀地有名的文学家、哲学家、科学家越来越多。

西汉时，中国有所谓四大文学家，四川就占了3个。除了枚乘是临淮郡淮阴县人外，司马相如、扬雄、王褒均是蜀人，扬雄还是著名的哲学家。四川天文学在汉代也达到了一个高峰，最有名的天文学家落下闳制定了著名的"太初历"，使历法更好地为农业生产服务。

两汉四川的艺术，以东汉的石阙建筑、画像石、图像砖最为精美。其他艺术价值较高的还有东汉墓出土的陶俑，种类繁多。

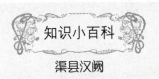

知识小百科

渠县汉阙

汉阙是我国现存于地面上时代最早、保存最完整的仿木结构建筑遗存。全国仅存29处汉阙中，渠县就有6处7尊，分布在土溪岩峰两乡不足10公里的古驿道旁，素有"汉阙之乡"的美称。它不仅具有丰富的雕刻内容、精湛的雕刻技术和高超的建筑手法，还具有极高的历史、艺术和科学价值。在60年代就被中华人民共和国国务院公布为全国重点文物保护单位。比较有名的有冯焕阙、沈府君阙。

　　沈府君阙位于渠县汉碑乡汉亭村。东汉延光年间（122—125年）建。是渠县汉阙中唯一的双阙，子阙已毁。两阙相距21.62米，均高4.84米。双阙形体基本一致，皆由阙基、阙身、枋子层、介石、斗拱层、屋顶6部分组成。阙身正面均有铭文。东阙刻"汉谒者北屯司马左都候沈府君神道"，西阙刻"汉新丰令交趾都尉沈府君神道"。二阙铭文上端均镌朱雀，下端镌饕餮。东阙内侧浮一青龙，西阙内侧浮雕一白虎。两阙楼四角雕力士，四面为汉代社会生产、生活情景及动植物的浮雕。神态生动、逼真，造型古朴、优美。

＜渠县汉阙

第三节　三国两晋南北朝时期的动荡时局

一、诸葛亮治蜀

　　东汉末年，刘焉割据益州，死后刘璋继位。刘璋懦弱无能，因与汉中张鲁为仇敌且受曹操威胁，便迎刘备入蜀。刘备乘机夺取益州，于公元

221年称帝，国号"汉"，史称"蜀汉"。

刘备父子任用诸葛亮为相，励精图治，采取了一系列加强统治、发展生产的措施：在政治方面抑制豪强，用人唯才，赏罚严明；在经济方面，重视农业，加强都江堰水利建设，组织兵士参加农业生产，劝农积谷，设置官吏管理盐铁，经营织锦生产；发动人民在汉嘉（雅安北）及剑门山凿山通道，便利交通。公元225年，诸葛亮率众南征，平定了"南中之乱"。随即5次北伐曹魏，第一次因马谡街亭失守，前锋大败而归。其余4次均因长途作战，粮运不济而退兵。诸葛亮志在恢复汉室，鞠躬尽瘁，但5次北伐造成人财物的巨大损失。

诸葛亮死后，蒋琬、费祎相继执政，遵循诸葛亮之成规。费祎死后，刘禅庸碌无能，宦官黄皓擅权，大将姜维多次北伐无功。公元263年，蜀汉为魏所灭。

成都武侯祠诸葛亮坐像＞

濯锦清江万里流

二、两晋治蜀与成汉政权

魏灭蜀后，在益州分置梁州，又分益州之南中四郡为宁州，以加强对西南的控制。265 年，西晋建立，宗室诸王争权夺利，相互残杀。晋惠帝时，流民大量入川，在氐族人李特的组织下聚集起义。李特在进攻成都时战死，其弟李流继统流民作战，但不久病死，后由李特子李雄领导，得到青城山天师道首领范长生支持，303 年攻克成都，称王，306 年称帝，国号"大成"。李雄对农民执行了减轻剥削的政策，这一时期战事稀少，政刑宽和，是成汉全盛时期。李雄死后，继立的有李期、李寿、李势，338 年，李寿改国号为"汉"，史称成汉。因国势逐渐衰落，347 年终被东晋所灭。

在成汉统治期间，发生了僚人入蜀事件。两晋时期，四川的人口流动很大，其流入荆湘者 10 余万户，州县空虚。李势王蜀时，大量僚族从贵州迁入四川，与汉族杂居，友好往来，互通婚姻。僚人入蜀对四川山区的开发作出重大贡献。

到南朝统治期间，四川豪强地主大量兼并土地，农民起义不断发生。因战乱相继，户口大量减少，四川经济严重衰退。581 年，杨坚建立隋朝，天下一统。

三、文史大家辈出

三国两晋南北朝时期四川经济衰退，文化亦不如两汉之盛，但在某些方面有新的成就。

这一时期私家修史的风气很盛。巴西郡西充人谯周著有《古文考》，

我爱四川

多引证旧典,对《史记》一书讹误多所补正。安汉(南充县北)人陈寿著《三国志》,在纪传体断代史中独创一格。

地方史志的著述非常丰富。其中以常璩的《华阳国志》最称完备。全书共12卷,记载古代巴蜀及西南少数民族和公孙述、刘焉父子据蜀以及蜀汉、成汉的历史,其中有许多是其他正史所未谈及的,具有很高的史料价值。特别是《巴志》、《蜀志》、《汉中志》、《南中志》4篇,记载各郡山川、物产、风俗,以及各少数民族的生活情况,可供研究东晋以前西南地区社会经济情况的参考。《华阳国志》为我国成书最早、保存最完整、史料价值最高的地方志。

在科学技术上,以诸葛亮制作的"十矢连弩"和运输粮草的"木牛"、"流马"比较有名。此外,四川青釉瓷及石刻也很有名。

第四节　隋唐五代时期:扬一益二

一、政权更迭

杨坚建立隋朝以后,派第四子杨秀为益州刺史、总管,并封为蜀王,总揽四川军政大权。不久,杨坚改革地方行政制度,撤郡改州县,以州统县,四川地区共有39州,170县。由于杨秀骄奢淫逸,被废为庶人,杨坚改派独孤楷担任益州总管。隋炀帝继位后,各地农民大起义风起云涌,但基本

濯锦清江万里流

没有波及四川。

唐太宗时因山川形势之便，分全国为 10 道，四川分属于剑南、山南及江南 3 道。到玄宗开元年间，分全国为 15 道，剑南道不变，山南道分为东西两道，江南道分出黔中道，有 3 州在四川境内。其中以剑南道辖区最广，在经济上和政治上都占着重要地位。安史之乱以后，唐朝中央为了加强控制，分剑南道为东西两川节度，并派得力大臣出镇西川。唐人把剑南东川、剑南西川和山南西道合称为"剑南三川"，是唐代四川的主要行政区划。尽管有的地方官以蜀中"地险而富"进行叛乱，但都被唐王朝派兵镇压下去。

公元 907 年，朱温灭唐。唐朝灭亡后，907—960 年，北方相继建立 5 个小王朝，而南方则相继建立了 10 个割据政权，中国历史进入"五代十国"时期。唐末，骁勇善战的王建通过攻伐征战成为剑南西川节度使，903 年被封为蜀王。907 年唐灭亡后，王建割据剑南三川，在成都称帝，国号蜀，史称前蜀。王建统治初期，注意选用人才，政局安定，关中士大夫纷纷来蜀，四川遂成为人文荟萃之地。但到晚期政治逐渐腐败。其子王衍继位后荒淫无度，不理朝政。公元 925 年，后唐庄宗派郭崇韬率军入川，王衍投降，前蜀灭亡。

郭崇韬占领成都时为庄宗之子所杀，诸将相互混战，庄宗派孟知祥入川定乱。其后孟知祥拥兵自立，国号蜀，史称后蜀。孟知祥死后，其子孟昶继续统治西蜀，库藏虽称充实，但军事实力薄弱。公元 964 年，宋太祖赵匡胤派兵两路入川，孟昶投降，后蜀亡。

二、经济繁荣

隋唐五代时期，四川经济发展迅速。单以农业而论，除继续扩建都江堰（时称犍尾堰）水利工程外，又陆续兴建许多水利工程，这就为农业生产的发展提供了有力保证。经济作物扩大了种植范围。成都府彭州属县都大量产麻，蜀麻质量冠于全国。彭、蜀、绵、眉、邛、雅、泸、汉 8 州为茶的重要产区，时产名茶，其中雅州的蒙山茶是有名的贡茶。

这一时期，四川手工业也得到很大发展。丝织品的精美闻名全国，已是当时我国主要的纺织品生产基地。唐太宗贞观年间，蜀锦制成了"天马"、"游麟"、"对雉"、"斗牛"等十多种花样。当时，蜀锦生产主要集中在成都、蜀州和绵州，蜀罗的主要产地在成都、彭州、蜀州和汉州，风靡全国。

制盐业进一步发展。剑南东川的梓、遂、绵、合、渝、泸、荣、陵诸州，有井 460 口；剑南西川的嘉、眉诸州，有井 13 口；山南西道的果、阆、开、通诸州有井 123 口。其中最有名的是富义井（在富顺县西南），每月产盐3660 斤，是四川产量最多的盐井。

造纸业发展起来。蜀中大量生产麻纸，有黄白麻纸之别。把纸加工成笺，是成都造纸的特产，如薛涛笺、十色笺，为四方所珍贵。雕版印刷术也相应发展。

陶瓷制造业相当繁荣，尤其是瓷器制造，仍以青瓷为主，主要分布在现在的邛崃、新津、华阳、中江等地。隋代新创的白瓷在唐代有很大发展，尤其是大邑的白瓷碗，轻而坚硬，釉质细密洁白，为人们所喜爱。

知识小百科

成都邛窑遗址

邛窑历史悠久，在陶瓷史上占有很重要地位。自南朝至两宋，共经历了八个多世纪，是目前已知的四川古陶瓷窑址中，烧造时间最长、产品最丰富、造型纹饰最美的名窑。在南朝即广泛使用化妆土美化陶瓷，在隋代就独树一帜地创造了釉下彩绘，唐至五代以其釉下彩绘著称于世，达到了它的历史高峰，出土器物不仅数量大、种类多，而且从产品到窑炉、窑具都有完整的实物，它对中国古陶瓷史的研究有着很重要的价值。

<唐邛窑穿带壶

　　隋唐时期，四川商业繁荣极为。全国各地商人来川者甚众，四川商人
也活跃于全国各地。成都成为当时全国最繁华最著名的商业都会，与经济
发达的扬州并称为"扬一益二"。除成都外，梓州和夔州也是有名的城市。
由于经济繁荣，四川成为唐王朝财赋的重要供应区域。在唐后期社会危机
严重，关中局势动荡，封建帝王不能安居时，便逃奔蜀中，徐图恢复。四
川对维持唐王朝的统治起了重要作用。

　　唐和五代时期，四川农村出现了许多草市，标志着四川农村的商品经
济已发展到较高的程度。

三、群星璀璨

　　隋唐五代时期的四川，经济发达，科技文化巨匠众多，可谓群星璀璨。
　　唐代是我国诗歌最为繁盛的时期，许多我们耳熟能详的诗人与四川有
着密切的联系。诗人陈子昂，四川射洪人，不仅是初唐著名政治家，也是

我爱四川

唐代诗歌改革的先驱。他反对唐初沿袭齐梁淫艳雕琢的形式主义诗风，主张恢复"魏晋风骨"，提倡诗歌要具有高尚充沛的思想感情和刚健笃实的现实内容。杜甫赞扬他是扬雄、司马相如以后"名与日月悬"的杰出的文学家。

伟大的浪漫主义诗人李白和现实主义诗人杜甫在四川留下了许多不朽的诗篇。李白在四川长大，蜀中山水的浸润，使他达到了我国浪漫主义豪放文学的最高成就，其诗歌堪称唐诗的典范。杜甫一生漂泊，居蜀10年，写下900多首诗歌，超过他一生所写诗歌的半数。女诗人薛涛，自幼随父从陕西入川，亦以诗著名于世。她与名诗人元稹、白居易、刘禹锡等相互唱和。

唐末五代期间，西蜀比较安定，北方不少的文人学士，纷纷入蜀，故蜀中文学、绘画盛极一时。许多文人雅士避乱入蜀，如韦庄、李珣、孙光宪等都在四川留下了许多优秀作品，形成了我国古代文学创作中著名的"花间派"。

成都大慈寺>

濯锦清江万里流

唐代佛教盛行，在四川修建了不少寺院、石刻大佛及石窟造像。成都有大慈寺、昭觉寺、金绳院、正法寺、梵安寺等十多个大的寺院。西蜀有"震旦第一丛林"之称。乐山大佛雕凿在岷江、青衣江、大渡河汇流处的岩壁上，为世界上最大的石刻弥勒佛坐像，是唐代摩崖造像中的艺术精品之一。石窟造像很多，分布于广元、巴中、绵阳、夹江、乐山等地。

第五节　宋元时期：盛极而衰

一、"四川"得名

960年，后周禁军统帅赵匡胤发动陈桥兵变，在开封建立了宋朝，然后就致力于统一全国，964年，蜀军溃败，北宋平蜀。北宋在唐代剑南东、西川之地设西川路，山南东、西道之地设峡西路。太宗太平兴国六年，并西川路、峡西路为川峡路。真宗咸平四年，又分为益州路、梓州路、利州路、夔州路，总称四川路，这就是"四川"得名的由来。元灭南宋，在四川等处设行中书省，是为四川设省的开始。

宋灭蜀后，大肆搜括蜀中财富，宋初四川的兵变和人民暴动不断发生。到宋太宗淳化年间设"博买务"，垄断布帛贸易，茶叶的买卖也由政府严格控制起来，迫使大量的农民、手工业者、小商贩破产失业，因而爆发了王小波、李顺起义。王小波提出"均贫富"的口号，博得了广大人民的拥护。王小波在江原战役中牺牲后，由李顺继续领导起义，994年攻克成都，李顺称"大蜀王",建立大蜀政权,并分兵四路攻占城池,一时"两川大震"。

宋太宗派遣大军入蜀,攻陷成都,李顺出走,后被杀。义军在张余率领下继续斗争,直到 995 年张余被捕,起义才最后失败。这些起义一定程度上抑制了土地兼并,为四川经济文化发展奠定了政治基础。

二、抗金保宋

1127 年,金国军队进攻宋朝都城开封,俘虏了宋徽宗和宋钦宗父子,北宋灭亡。徽宗第九子赵构重建宋朝并迁都临安,史称南宋。1129 年,金军兵分两路攻打南宋,宋高宗赵构从杭州一路逃跑,从越州到明州,从定海到温州,最终避免了被俘的命运。在南宋军民的抗击下,金兵撤回。

1130 年,川陕宣抚处置使张浚在陕西主动攻击金军,遭到失败,退归阆中。金军乘胜追击,在和尚塬(今宝鸡)受到吴玠、吴璘兄弟所率兵士猛烈阻击。1133 年,金军两次攻蜀皆大败,自此不敢大举进攻。1207 年,宋军西线主帅吴曦在金人扶助下叛宋,在兴州(今陕西略阳)称蜀王,41 天后被兴州典仓官杨巨源等所杀。宋金对峙百余年,川陕保卫战不仅保卫了四川安全,也支撑了南宋初年的半壁江山。

三、经济文化繁荣

四川地区在宋代比较安定的局面下,封建经济在唐五代繁荣的基础上,得到了进一步的发展。

四川农业无论在灌溉、耕作技术上,还是在粮食和经济作物的品种和产量上都比前代有了很大发展。都江堰开始实行岁修制度,灌区扩大到 12

县，成都平原连年丰收，南宋时成为全国人口密度最大的区域。现在食用的蔬菜当时在四川基本都已种植了。茶叶产量居全国之冠，为两宋增加了财政收入。四川的药材、水果和花卉种植在当时已经向专业化和商品化发展。遂宁所产的糖，无论在数量和质量上都居全国第一。

宋代是四川历史上手工业最发达的时期。四川是全国纺织业中心之一，布匹、丝绸和蜀锦的生产都超过前代水平。成都是全国最主要的麻布产地。丝织也遍布全川。成都和川北成为全国著名的两个丝绸中心。官营的织锦工场规模较大，如成都的锦院生产的品种达 4 类 19 种之多。四川是当时造纸业的重要产区之一。井盐业的生产比较唐代更加发达，北宋庆历年间，发明了"卓筒井"的凿井工艺，是一项具有划时代意义的技术革新。

知识小百科

卓筒井

< 大英卓筒井

卓筒井是手工制盐的活化石，被誉为中国古代第五大发明。卓筒井是直立粗大的竹筒以吸卤的盐井，"凿地植竹，为之卓筒井"，发明于北宋庆历年间（公元1041年——1048年），比西方早800多年。卓筒井充分利用了四川境内特有的楠竹（一种粗如碗口大小的竹类植物），将竹节淘空，形成一"筒"，筒筒相连，既起到了固定井壁的作用，又方便淘取钻下的泥石。其口径仅有竹筒大小，然而能打井深达数十丈，被称为"中国古代第五大发明"、"世界石油钻井之父"。 卓筒井目前在遂宁市大英县境内还保留有41口，分布在方圆6公里范围内，而当地的大顺灶，是卓筒井工艺仅存的一处还能生产的盐灶，也是无价之宝。

宋代四川商业非常繁荣。当时四川乡村场镇集市蓬勃发展，商品贸易非常发达。成都是当时西南大都会，同时又是西南粮食、茶叶、丝织品、纸张、书籍、药材等产品的集散中心。工商业的发达带来四川货币的革命，宋初成都出现了"交子"，这是我国最早的纸币。

随着经济的发展，宋代也是四川文化事业最为兴盛繁荣的重要时期。据《宋史》所载，蜀人入列传的有185人之多。

以文学家而言，宋代眉山三苏父子，在唐宋八大古文家中占了三位，而以苏轼最为有名，他是我国古代著名的文学家、书画家，所写诗词和散文，都有很高的成就。

文同，梓州永泰（盐亭）人，多才多艺，能诗善文，在绘画艺术上有很深造诣，花鸟、山水、人物，无一不精。

宋代四川史学尤为发达，史家辈出，如范祖禹、李焘、李心传、王偁等人。范祖禹，华阳人，是司马光修《资治通鉴》的得力助手，著有《唐鉴》一书，被后人喻为"万世君人者之金镜"。李焘，丹棱人，以40年时间写成《续资治通鉴长编》，是研究北宋历史的重要参考用书。李心传，井研人，著有《建炎以来系年要录》200卷，对南宋高宗一朝史事，记述详实。王偁，眉州人，旁搜九朝史实，撰成《东都事略》，这是《宋史》成书前的一部纪传体著作，文字简洁，议论平允。

唐慎微，蜀州晋原人，四川著名的医学家。他医术高明，积多年治病经验，写成《经史证类本草》22卷。到政和中，再经修订发行，定名《政和新修经史证类本草》，介绍各种药品1747味，比我国最早药典《新修本草》所载药品多一倍以上，这是我国古代本草学集大成的一部著作。

秦九韶，安岳人。1247年写成《数学九章》，闻名于世。特别是书中记载的"大衍求一术"（一次同余式组问题解法）和"正负开方术"（数学高次方程求根法），在当时处于世界领先地位。

宋代四川的艺术，以石窟造像摩崖大佛成就最大。石窟造像以大足石刻为最有名，它兼有释道儒的艺术，分布在大足县有数十处，以北山佛湾和宝顶山造像规模最大。

四、元军破蜀

南宋晚期，蒙古族势力兴起。1234年蒙古与南宋联合灭金之后，就陆续侵犯南宋。蒙古军对四川的进攻是灭宋战争的主要部分。1243年，宋朝派余玠为四川制置使兼知重庆府，积极布置防务，先后修建了20座山城，因山为垒，屯兵聚粮，建立固定据点，并在成都兴置屯田，击退了蒙古军的4次侵犯。1258年，新立为大汗的蒙哥汗亲率重兵入蜀，次年直抵钓鱼城下，蒙哥汗受重伤致死。忽必烈为争夺帝位急忙班师。

在忽必烈夺取蒙古大汗以后，1271年改国号为大元。元朝建立后，继续攻伐四川。1276年南宋灭亡，四川军民坚守应战，直到1279年元军才彻底平定四川。

元朝对四川人民实行了民族歧视和民族压迫的统治，农民起义四处发生。1351年，爆发了全国性的红巾军大起义。明玉珍是徐寿辉领导的南方红巾军将领之一，他自沔阳率军入蜀，占据重庆，随即攻取成都、嘉定等地，据有四川全境。1360年陈友谅杀徐寿辉自立为汉帝，明玉珍不服，遂称陇蜀王，1363年在重庆称帝，国号大夏。明玉珍统治四川的时期，任用刘桢作谋士，建立国家制度，中央设置六部，分全川为八道，下设州县官，立学校，开进士科取士，赋税十分取一，免除力役之征，使人民负担有所减轻，有利于生产的发展。明玉珍死后，其子明升继位。1371年，朱元璋派兵入川，明升出降，夏国灭亡，四川归明朝统治。

明玉珍墓>

第六节　明清时期：大势已去

一、兵燹之灾

明清时期四川是农民起义不断发生和农民军在这里大肆活动的地区。1368年，朱元璋建立明王朝。1371年平定四川之乱后，在成都设置

濯锦清江万里流

四川承宣布政使司。1378年，朱元璋第十一子朱椿被封为蜀王，在成都建立了蜀藩王府。到明朝中叶，土地兼并的现象十分严重。封建赋役十分繁重，加以水利失修，水旱灾荒严重，流民遍地。1508年，焉本恕、廖惠（即廖麻子）、蓝廷瑞率众起义，聚众10万，在川陕鄂边区活动。1510年，蓝、焉率军从湖广郧阳攻入夔州、重庆、保宁等地。明朝集中了陕西、四川、湖广、河南四省兵力进行"会剿"，才将起义镇压下去。

明朝末年，张献忠、李自成领导的起义军及其余部多次进入四川活动。1644年，张献忠由湖北攻入四川，占重庆，破成都，即皇帝位，国号大西。张献忠在镇压残明势力和扫荡各地地方武装反叛中行为过激，数不清的四川民众被残忍杀害，许多地方人烟断绝。

其时清军入关，击败了大顺军后，由汉中攻入川北。张献忠北上抵御，在西充县中箭而死。大西军余部在李定国、刘文秀的领导下继续斗争。清军几度入川征伐，形如拉锯。清军平定四川之后，又发生了"三藩之乱"，四川成了吴三桂和清军决战的西部战场。连年的战火使四川生灵涂炭，社会经济遭到极大破坏。

清乾隆、嘉庆时期，由于地主阶级兼并大量土地，贫富分化加剧，在嘉庆元年，爆发了川陕湖白莲教大起义。嘉庆元年（1796年）湖北襄阳王聪儿等首先举起义旗，声势浩大，由湖北转战陕南，到四川东乡与各支义军会合，但因受到王三槐排挤，沿江东下，至湖北郧西卸花坡被围跳崖牺牲。嘉庆五年，王三槐在清军围攻下，到清营乞降，被送至北京处死。此后义军在川陕边区坚持斗争，延续至嘉庆九年（1804年）全部失败。清朝镇压这次起义耗银2亿两，财政匮乏，军事力量更加削弱，川陕湖白莲教大起义是清朝由盛而衰的转折点。

二、经济的恢复与发展

明代前期，四川经济有较快发展，表现在户口不断增加，耕地面积也有扩大。粮食作物增加了新的品种。甘薯和玉蜀黍开始在四川种植。明代丝织业的发展开始了地域分工。明末清初，四川地区遭受半个世纪的兵燹之灾，社会经济遭到严重破坏。清朝政府不断地迁移湖广、江西、陕西、福建、广东等地的人民到四川垦荒，并且颁布减轻剥削的法令。经过长期休养生息，四川生产逐渐得到恢复。

人口不断增加，耕地面积迅速扩大，各类粮食作物和经济作物种植区域不断扩大。茶叶的产量比明代增加三倍余，甘蔗、烟草、桔柑、药材等种植面积均扩大了，蔬菜、玉蜀黍、甘薯产量增多。

在手工业方面，丝织业逐渐恢复。酿酒、矿冶、陶瓷、印刷等产业均较明代有显著的发展。由于大量流民进入大巴山区，当地的农业和麻织业、伐木业、造纸业都发展起来了。

随着农业和手工业的恢复与发展，四川的商品流通发达起来。成都、重庆是当时的商业大都市，很多中小城市贸易往来也十分频繁。乾嘉时期，四川地区有些手工业部门产生了资本主义萌芽。

三、思想文化再兴

明清时期，四川的文化随着经济的恢复而出现了再兴，出现了不少具有重要影响的文学家、思想家、哲学家。

文学家有杨慎、费密、彭端淑、李调元、张问陶等人。杨慎，新都人，是明代中期著述宏富的大学者兼文学家。他一生著作丰富，达400余种。在文学方面他卓然自立，不依傍前人，所著诗表现出浪漫主义情绪。特别是他对于云南少数民族有深刻了解，把记载白族历史的《白古通》译为汉文《滇载记》，这是研究南诏史的重要参考资料。张问陶，号船山，遂宁人，是清中期全国各大诗派中继袁枚而后起的性灵派的代表，著有《船山诗文集》。其书法绘画的造诣都很深。唐甄，达州人，著《潜书》97篇，提出"众为邦本"的主张，还竭力主张"富民"，与黄宗羲、顾炎武、王夫之并称为清初"四大启蒙思想家"。

清朝前期四川的雕塑艺术很有特色。在艺术表演方面，川剧在清初诞生并定型，影响至今。

第七节　波澜壮阔的近代革命烽火

一、抗击双重压迫

1840年英国发动了侵略中国的鸦片战争后，近代四川遭受西方列强和中国封建势力的双重压迫。为反抗清王朝的腐朽统治，四川爆发了一次又一次的农民起义。与太平天国革命遥相呼应，1859年10月，云南人李永和、蓝朝鼎发动了反清起义，并在川南建立根据地。起义历时6年，征战数省，是当时全国仅次于太平天国和捻军的一次农民大起义。

西方帝国主义势力的大肆侵入，使四川经济受到严重摧残。除抗击帝

我爱四川

国主义入侵外，反对外国教会的斗争接连发生，四川成为全国发生教案最多的省份。1900年，义和团运动爆发，四川起而响应。1901年，川东一带的义和团提出"灭清剿洋兴汉"的口号，反清灭洋斗争声势浩大。

戊戌变法中，四川也有不少仁人志士参与，希望中国走君主立宪的道路，杨锐、刘光第是其中的优秀代表。

二、保路运动与辛亥革命

1911年，四川人民为反对清政府"铁路国有"，掀起了轰轰烈烈的保路运动。清政府派湖北新军入川镇压，导致武昌兵力空虚，因此该事件成为武昌起义和辛亥革命的导火线。同盟会员不少参加了保路运动，并谋划

保路运动纪念碑 >

组织武装起义。1911年9月25日，吴玉章、王天杰等在自贡荣县宣布独立，建立了辛亥革命时期由同盟会领导的第一个县政权。1912年1月，孙中山领导的中华民国正式成立，清王朝覆灭。后来四川人民加入讨袁护国战争，为保卫辛亥革命的胜利成果作出了重要贡献。

三、四川建党

五四运动后，王右木、恽代英、萧楚女、杨闇公等人在四川各地积极宣传马克思主义。1923年，王右木根据党中央指示，建立了四川最早的党组织，成立中共成都支部，任书记，直属中共中央领导。1924年王右木被军阀杀害。1926年，经党中央批准，建立了中共重庆地方执行委员会，由杨闇公任书记，实际上成了全川中共党组织的统一领导机构。蒋介石发动四一二反革命政变后，四川的共产党组织相继被破坏。

四、川陕革命根据地及红军长征

1932年10月，中国工农红军第四方面军主力部队被迫退出鄂豫皖根据地，奉命向西战略转移，12月抵达通江县河口场，建立了川陕边界第一个工农革命政权——赤北乡苏维埃政府。在川陕两省党组织和王维舟等率领的川东游击队配合下，开始了创建川陕革命根据地的艰苦斗争。1933年2月，中共川陕省第一次党员代表大会和川陕省第一次工农兵代表大会相继召开，组建了中共川陕省委（袁克服任省委书记），成立了川陕省苏维埃政府（熊国炳任省苏维埃主席），标志着以通、南、巴为中心的川陕革命根据地正式建立。在中共川陕省委领导下，根据地开展了轰轰烈烈的土地革命斗争，革命形势迅猛发展，成为当时仅次于中央革命根据地的全

我爱四川

川陕省苏维埃政府工农银行三串布币＞

红军长征时翻越的夹金山＞

濯锦清江万里流

国第二大革命根据地。1935 年 4 月，为了北上抗日，红四方面军放弃根据地向西进军，走上了漫漫长征路。

红军长征行程两万五千里，其中一万五千里在四川，历时一年零八个月，途经近七十个县。1935 年 5 月至 1936 年 8 月，红一、二、四方面军先后从这里翻越大雪山，跨越大草地，最终奔赴抗日前线。四川人民在提供粮食和兵源、支援红军长征过境等方面，作出了巨大贡献。

五、支持全国抗战及全川解放

1937 年 7 月 7 日，日本侵略军发动卢沟桥事变，开始了全面侵华战争。抗战时期，四川成为国民党统治的"大后方"，也是政府和国民认可的民族复兴基地。1938 年国民政府迁都于重庆。1940 年 9 月 6 日，国民政府明令重庆为陪都。四川人民在抗日斗争中贡献巨大。

四川军阀捐弃前嫌，不再打内战，与日本侵略军展开了殊死搏斗。八年抗战，中国抗日军队中每五六个人中就有一个四川人，故有"无川不成军"之说。出川抗战的川军共有 300 多万人，64 万多人伤亡，其参战人数之多，牺牲之惨烈居全国之首！

四川还为抗战胜利提供了物资后勤方面的坚强保障。抗日战争期间，全国大部分省市沦陷，国民政府的财政开支主要靠四川。正面战场的武器弹药几乎全部是由四川生产和供应。大量的军需布匹、服装、副食、食盐等物资也是四川生产和供应的。1945 年 8 月 15 日，日本宣布无条件投降。

解放战争时期，中共四川地下党组织配合中国人民解放军的军事战场，开辟了四川第二战场，为推翻国民党在四川的统治作出重要贡献。1949 年 7 月，解放军分别从东、北、南三个方向进军四川，其中川籍革命家刘伯承、邓小平率解放军第二野战军从湖南进军四川。1950 年 2 月，四川全境基本解放，人民翻身做主人。从此，四川开始了建设新中国的伟大历程。

我爱四川

第四章

丰富多彩蜀文化

　　没有进过四川的茶馆决不算到过四川。茶、茶馆，在四川，是一种文化，也是一种生活。自古以来，川人便保留了喜好饮茶的习惯。不管男女老幼，贫富尊卑，只要有时间就会来茶馆喝上一碗。有句谚语这样形容四川："头上晴天少，眼前茶馆多。"

八 傩戏

第一节　吃在四川

四川自古享有"天府之国"的美誉。境内江河纵横，沃野千里，物产富饶，从山珍野味到河鲜蔬果，应有尽有。有人曾作过这样一首打油诗，以赞美四川省美食原料之丰富：

川西棚鸭汉阳鸡，沙田柚子金川梨；

韭黄独蒜与银耳，江团岩鲤并雅鱼。

天然"食库"的丰盈，也赋予了蜀人在"吃"方面的天赋。走进四川，无论是在高档的酒楼饭店，还是在大众化的红锅菜馆，抑或是在普通的市井人家，你都能感受到蜀人在饮食上的匠心独运。

一、川菜

川菜是我国鲁、苏、川、粤四大菜系之一，历史悠久，源远流长，风格独特。川菜菜品实在是太丰富了，让人眼花缭乱，只能择其要者。

1. 回锅肉

回锅肉是川菜中一种烹调猪肉的传统菜式，川西地区还称之为"熬锅肉"。四川家家户户都能制作。回锅肉的特点是口味独特，色泽红亮，肥而不腻。所谓回锅，就是再次烹调的意思。回锅肉作为一道传统川菜，在川菜中的地位非常重要，川菜考级经常用回锅肉作为首选菜肴。回锅肉一

　　　　　　　　　　　　　丰富多彩、包容万象的蜀文化

直被认为是川菜之首、川菜之化身，因此，提到川菜必然想到回锅肉。

2. 麻婆豆腐

麻婆豆腐是川菜中的名品。主要原料由豆腐构成，色泽淡黄，豆腐嫩白而有光泽。有人用"麻、辣、烫、鲜、嫩、香、酥、活"等八个字来形容这道菜，称之为"八字箴言"，颇为形象地概括了它的特点。现在国内外的川菜馆都以经营此菜来招揽顾客。据说近年来，日本有家食品公司还将麻婆豆腐制成罐头远销世界各地。

＜麻婆豆腐

3. 宫保鸡丁

四川名菜，成菜色泽金黄，鸡肉鲜嫩，花生米香脆，咸辣略带酸甜。此菜创于清代。据说四川总督丁宝桢每遇宴客，都让家厨用花生米、干辣椒和嫩鸡肉炒制鸡丁，肉嫩味美，很受客人欢迎。后来丁宝桢由于戍边御

宫保鸡丁＞

敌有功被朝廷封为"太子少保"，人称"丁宫保"，其家厨烹制的炒鸡丁，
也被称为"宫保鸡丁"。由于其入口鲜辣，鸡肉的鲜嫩配合花生的香脆，
广受大众欢迎。尤其在英美等西方国家，宫保鸡丁"泛滥成灾"，几成中
国菜代名词，情形类似于意大利菜中的意大利面条。

4. 鱼香肉丝

鱼香肉丝是一道常见川菜。鱼香，是四川菜肴主要传统味型之一。成
菜具有鱼香味，其味是调味品调制而成。此法源出于四川民间独具特色的
烹鱼调味方法，而今已广泛用于川味的熟菜中。鱼香味的菜肴是近几十年
才有的，首创者为民国初年的四川厨师。鱼香肉丝的"鱼香"，由泡辣椒、
川盐、酱油、白糖、姜末、蒜末、葱颗调制而成。此调料与鱼并不沾边，
它是模仿四川民间烹鱼所用的调料和方法，取名为"鱼香"的，具有咸、甜、
酸、辣、鲜、香等特点，用于烹菜滋味极佳。

丰富多彩、包容万象的蜀文化

知识小百科

五柳鱼的传说

五柳鱼是四川名菜，唐宋以来早已脍炙人口。据说，"五柳鱼"渊源于诗人杜甫。

杜甫年近50的时候，为躲避"安史之乱"漂泊到四川。他在成都浣花溪畔亲手建了一座草堂，住了下来，生活十分清苦。有一天他邀几个朋友在草堂上吟诗作赋，吟得兴奋，不觉到了中午。他发起愁来，眼看要吃晌饭了，可是一无所有，拿什么款待这些客人呢！他正在着急，忽然见家人从浣花溪里钓上一条鱼来，喜出望外。心想，就请大家品尝这条鱼吧！他开膛把鱼洗好以后，加上佐料就放锅里蒸上。蒸熟以后，又把当地的甜面酱炒熟，加入四州泡菜里的辣椒、葱、姜和汤汁，和好淀扮，作成汁，趁热浇在鱼身上，再撒上香菜就做成了。

大伙伸筷一尝，果然好吃，很快就吃得精光，可是这鱼还没有名字呢！大家议论纷纷。最后杜甫说："陶渊明先生是我们敬佩的先贤，而这鱼背覆有五颜六色的丝，很象柳叶，就叫'五柳鱼'吧！"五柳鱼就这样叫起来了，并成为一道四川名菜，流传至今。

5. 辣子鸡丁

四川风味名菜。用鸡脯肉加辣椒炒制而成。泡红辣椒是四川特产，为川菜的特有的调味料，用它烹制的辣子鸡丁色香味俱佳。该菜是川东一道著名的江湖风味菜，因缘于歌乐山而故名。干辣椒不是主料胜似主料，充分体现了江湖厨师"下手重"的特点。经巴国布衣厨师精心改良后其口味更富有特色，成菜色泽棕红油亮，质地酥软，麻辣味浓，咸鲜醇香，略带回甜，是一款食者啖之难忘的美味佳肴。

我爱四川

6. 水煮鱼

　　"水煮鱼"起源于重庆渝北地区。发明这道菜的师傅是川菜世家出身。他在1983年重庆地区举办的一次厨艺大赛上，用类似于现在水煮鱼做法的烹制方法制作了与当时传统做法截然不同的"水煮肉片"，他也因此而获得了大奖。"水煮鱼"又称"江水煮江鱼"，系重庆渝北风味。看似原始的做法，实际做工考究——选新鲜生猛活鱼，又充分发挥辣椒御寒、益气养血功效，烹调出来的肉质一点也不会变韧，口感滑嫩，油而不腻。既去除了鱼的腥味，又保持了鱼的鲜嫩。

水煮鱼 >

7. 东坡肘子

　　本是老成都"味之腴"的当家名菜，因与宋代蜀中大文豪苏东坡有关而得名。苏轼曾总结出"慢着火，少着水，火候足时它自美"的煨肉十三字诀，后人即以此法来煨肘子，煨出的菜果然不同凡响。具有肥而不腻、粑而不烂的特点，色、香、味、形俱佳，可将其列入美容食品。

知识小百科

东坡肘子的由来

传说上世纪四十年代，四川大学中文系有四位学生，在古诗文中查到了汉朝班固的两句话："委命供己，味道之腴"，于是这四位书生便在成都开办了一家"味之腴"餐厅。当时，他们从苏东坡的传世墨迹中辑得"味之腴"三字，并以此刻匾做成店招，除了向世人宣称这三字系苏东坡亲手所写以外，还反复强调店内所卖"东坡肘子"的制法乃是苏东坡亲手创制并秘传下来的。如此这般，东坡肘子的美名自然也就不胫而走、传遍了全国，"味之腴"的生意当然也就十分红火了。

8. 魔芋烧鸭

魔芋烧鸭是一道著名川菜，是由魔芋与鸭子烧制而成。其主要原料魔芋，有较高的食疗价值，入菜吸收性极强，极易入味。鸭也为川西特产棚鸭。成菜色泽红亮，魔芋酥软细腻，鸭肉肥酥，滋味咸中带鲜，辣而有香，是一款地道的家常风味菜。

9. 樟茶鸭子

"樟茶鸭子"是川菜宴席的一款名菜。此菜是选用成都南路鸭，以白糖、酒、葱、姜、桂皮、茶叶、八角等十几种调味料调制，用樟木屑及茶叶熏烤而成，故名"樟茶鸭子"。其皮酥肉嫩，色泽红润，味道鲜美，具有特殊的樟茶香味。

我爱四川

10. 棒棒鸡

棒棒鸡，又名"乐山棒棒鸡"、"**嘉定棒棒鸡**"。此菜原始于乐山汉阳坝，取用良种汉阳鸡，经煮熟后，用**木棒**将鸡肉捶松后食用。乃四川百年名菜，风味独特、做工精细、选料考究，**是由原汁鸡汤加祖传配方精制而成**，其味型属于"怪味"，麻、辣、酸、**甜**、**鲜**、咸、香全部味道都具备。

11. 醉八仙

"醉八仙"是川菜中历史悠久**的传统甜菜**。所谓"八仙"是选用八种果料，配醪糟汁烹成。醪糟有醇香味甜的特点。冬食可以补温御寒，并有益气、活血之功。以其汁制成的"**醉八仙**"，色彩美观，主料丰富，脆柔糯，甜香爽口，有浓郁的酒香味，十分**诱人**。是冬末初春的时令佳肴。

12. 竹荪肝膏汤

竹荪肝膏汤，作为汤菜代表，**也是普通川菜席上的压轴菜肴**。俗话说，"川戏的腔，川菜的汤"。在川菜体系中，汤菜的地位是举足轻重的。竹荪肝膏汤是一款最为贴近普通食客的**汤菜**，在从前的川菜筵席上，它常是"压轴之作"。其原料竹荪，是地道的**蜀地山中特产**，营养丰富，人称"**素菜之王**"和"菌中皇后"，"肝膏"则是川厨们独创的美食。**此菜营养价值高、质地细嫩、味道鲜美，可谓一款经典川味名肴。**

二、风味小吃

四川小吃因为历史悠久、**风味独特**而闻名遐迩。不少名小吃在解放前是由挑担担的、提兜兜的、摆摊摊的、开铺铺的小商小贩创出来的，源于实践，扎根民间，素有选料严谨、**制作精细**、造型讲究、味道多变和注重色、香、味、形的配合著称，同川菜一样脍炙人口。四川的小吃品类繁多，

丰富多彩，包容万象的蜀文化

据统计，全省各种小吃不下 500 种。

1．龙抄手

龙抄手皮薄馅嫩，爽滑鲜香，汤浓色白，为蓉城小吃的佼佼者。"抄手"是四川人对馄饨的特殊叫法。龙抄手的得名并非老板姓龙，而是创办人张武光与其好友等在当时的"浓花茶园"商议开抄手店之事，切磋店名时，借用"浓花茶园"的"浓"字，以谐音字"龙"为名号，也寓有"龙腾虎跃"、"吉祥"、生意兴"隆"之意。

2．钟水饺

钟水饺始于光绪十九年，创始人钟少白，原店名叫"协森茂"，1931年开始挂出了"荔枝巷钟水饺"的招牌。以其独特风味蜚声海内外，是成都著名小吃。钟水饺与北方水饺的主要区别是全用猪肉馅，不加其它鲜菜，上桌时淋上特制的红油，微甜带咸，兼有辛辣，风味独特。

3．担担面

担担面是四川民间极为普遍且颇具特殊风味的一种著名小吃。因常由小贩挑担叫卖得名。此小吃是用面粉擀制成面条，煮熟，舀上炒制的猪肉末而成。其成菜面条细薄，色泽红亮，冬菜、麻酱浓香，麻辣酸味突出，鲜而不腻，辣而不燥，堪称川味面食中的佼佼者。

4．夫妻肺片

夫妻肺片是四川小吃的著名品种，起源于成都。相传有夫妻俩推着小车沿街叫卖凉拌牛肉片，因调治得法，味道鲜美，被赞誉为"车行半边路，肉香一条街"。其实夫妻肺片的用料里边并没有肺，而是牛肉、牛心、牛舌、牛肚、牛头皮，切成很薄的片杂烩在一起，本意为"废片"，久传成讹，成了"夫妻肺片"。夫妻肺片片大而薄，调味考究，麻辣鲜香，细嫩化渣，

夫妻肺片 >

深受大家喜爱。为区别于其他肺片，便以"夫妻肺片"称之。

5. 赖汤圆

赖汤圆创始于 1894 年，老板赖源鑫从 1894 年起就在成都沿街煮卖汤圆。他制作的汤圆煮时不烂皮、不露馅、不浑汤，吃时不粘筷、不粘牙、不腻口，滋润香甜，爽滑软糯，成为成都最负盛名的小吃。现在的赖汤圆，保持了老字号名优小吃的质量，其色滑洁白，皮粑绵糯，甜香油重，营养丰富。

6. 灯影牛肉

灯影牛肉是四川风味食品，已有 100 多年历史。该食品是把牛后腿腱子肉切片后，经腌、晾、烘、蒸、炸、炒等工序制作而成。其麻辣香甜，深受人们喜爱。因肉片薄而宽，可以透过灯影，有民间皮影戏之效果而得名。灯影牛肉是四川达县的传统名食。牛肉片薄如纸，色红亮，味麻辣鲜脆，细嚼之，回味无穷。

丰富多彩、包容万象的蜀文化

< 灯影牛肉

7. 玻璃烧麦

玻璃烧麦是传统小吃，流行于四川地区，成都的烧麦具有皮薄馅丰、造形美观、荤素兼备、营养丰富的特点。**玻璃烧麦因其皮薄、熟制后皮料浸油呈半透明状，透过皮亦可见其馅，故名"玻璃烧卖"。**

8. 文君包子

文君包子是四川传统风味小吃，因源于四川邛崃，此地是卓文君和司马相如故事发生地，故名。文君包子以面粉、猪五花肉、芝麻等为原料，经蒸、炸制而成，形如面包，色泽金黄，皮酥馅嫩，口味咸甜，叉烧味浓。

9. 三大炮

三大炮是著名的四川小吃，主要由糯米制成。也是旧时"赶花会"时才有的一种"糍粑"的特殊售卖形式。因每份（盘）只有三坨，而且是现在热锅盆中抓出一大坨糍粑分为三小坨后，现分现用力摔向案板中央，如"弹丸"一样，发出"当、当、当"的响声，故名"三大炮"。

10. 成都凤尾酥

相传始于明代，是由宫廷筵席点心演变而来。它造型奇丽，上部酥丝，若云，若雾，若轻纱，若鸟羽。凤尾酥心料随季节变化而有鲜花、龙虾、金钩几种。产品内嫩外酥，滋润化渣，香甜适口，趁热食用更加鲜美，为川式点心之佳品。

第二节　四川民俗

一、节庆习俗

1. 走人户

　　走人户是汉族社会习俗，流行于四川各地。民间凡遇年节或婚嫁、新居落成等情况，都要到亲戚家串门探望，称为走人户。届时，一般要带上

走人户 >

丰富多彩、包容万象的蜀文化

猪肉、点心、酒等礼物，穿上平时舍不得的衣服前往。主人家割肉买酒，热情款待。

2. 春倌说春

汉族社会习俗，流行于四川各地。时间在春节前后。旧时的春倌头戴乌纱帽，身着官服，左手执木刻春牛，右手拿春棒；现在的春倌，装束与普通人一样，不同的是身背一根放牛鞭子。他们爬山涉水，走乡串户，每到一地，便编一些吉利的歌谣演唱。说唱完毕，送出一张春帖，户主会给春倌"封礼"，给粮食或钱。这种表演不受场地限制，语言风趣诙谐，演唱和仄押韵。时常即景编词，"到什么山唱什么歌"。

3. 人日游草堂

正月初七，是中国传统习俗中的"人日"，中国古代传说中的人类生日。清咸丰四年（1864年），时任四川学政的何绍基特地在人日拜谒杜甫草堂，留下了一副对联："锦水春风公占却，草堂人日我归来。"这幅对联至今仍悬挂在杜甫草堂。此联一出，骚人墨客竞相效仿，于每年人日云集草堂，

＜人日游草堂

挥毫吟诗，凭吊诗圣，久之便成了当地的风俗。1992 年，杜甫草堂博物馆恢复了"人日游"活动。每年的人日，人们在杜甫草堂观赏节目，抒发诗情，凭吊"诗圣"。

3. 广汉保保节

"保保"即干爹。广汉保保节是由民间传统"游百病"和拉"保保"的习俗演变而成的。历近三百载，至今尤盛。每年正月十六，在广汉的两个公园即房湖公园及金雁湖公园举行保保节。用拉保保这种方式来乞求小孩能平安成长。是当地很有影响力的一个民间习俗，每到这天都要万人空巷地出门游玩，为孩子拜干爹，结干亲家，也就是"拉保保"。

4. 安县雎水踩桥会

四川安县雎水镇的太平桥始建于清嘉庆四年（1799 年），"春社日"踩桥活动由来已久。"春社日"即为每年立春后的第五个戊日。每逢"春社日"，雎水镇及周边民众纷纷从四面八方赶来参加踩桥盛会，从"春社日"零点开始，在太平桥上通过"踩三次"、"丢药钱"、"抛衣服"、"拜干爹"等形式，祈求消灾、祛病，一年平安。

安县雎水踩桥会 >

　　　　　　　　丰富多彩、包容万象的蜀文化

5. 成都花会

成都是古代有名的"花城"，它的历史可追溯到唐宋。根据传统习惯，人们一般把"百花生日"（农历二月十五日）——花朝节的前后定为成都"花市"，花朝节和青羊宫庙会同在一天。至今，仍然沿用这个延续千年的传统习俗，年年在青羊宫举办"花市"，从而发展成为民间喜爱的春游盛会。届时花农群集，城乡居民纷纷前来赶会，卖花、赛花、赏花、交换良种和互相学习培种技术，各种小吃和地方土产沿街摆满。成都海棠、梅花、玉兰、山茶、迎春等享有盛名。游人不断，热闹非凡，当地称之为赶花会。

6. 清明放水节

清明放水节是世界文化遗产都江堰水利工程所在地都江堰市的民间习俗。每年农历二十四节气的清明这一天，为庆祝都江堰水利工程岁修竣工和进入春耕生产大忙季节，同时也为了纪念李冰，民间都要举行盛大的庆典活动，包括官方祭祀和群众祭祀等。作为一种古老的文化传统和富有巴蜀特色的旅游观光项目，2006 年 5 月 20 日，该民俗经国务院批准列入第一批国家级非物质文化遗产名录。

<清明放水节

我爱四川

7. 崇州元通春台会

四川崇州元通春台会，又称"元通清明会"，在清明节前后7天举行。元通的清明会历史悠久，最早可以追溯到清康熙年间在清明节举行的劝农大会。元通上场口有个城隍庙（又名"给孤寺"）。庙里的城隍据说是清明出巡，缉恶惩罪，赏善恤贫。因此清明会期间，人们有安排了放五猖、城隍出巡、城隍赏贫、城隍回殿等热闹节目，并在河边搭台唱戏娱神。

8. 三台郪江城隍庙会

每年农历五月二十八，三台县郪江镇举行城隍庙会。郪江镇城隍庙会已有数百年的历史，一年一度的城隍庙会已经成为郪江古镇一项重要民俗活动。当天的城隍庙会有传统的城隍出巡，出巡队伍由经幡引领，男女两位城隍坐在八台大轿上威风凛凛，捉拿危害人间的妖魔鬼怪。紧随其后的是精忠报国、桃园结义、周仁献嫂等故事演绎，造型生动形象，内涵丰富。龙灯、舞狮、采莲船、腰鼓、秧歌、锣鼓等节目表演也精彩纷呈。

三台郪江城隍庙会 >

丰富多彩、包容万象的蜀文化

9. 嫁毛虫

汉族节日习俗。流行于四川各地。每年农历四月八日举行。清晨人们纷 纷走出屋子，在田边地头收取草叶、秧苗、树叶上的露水，带回家中用以磨墨。然后，在剪成条的红纸上书写"毛虫今日出嫁，嫁到深山去，永世不归家"等话语。写好后，将两张纸条交叉贴于屋内墙上，人们认为，这样可使 庄稼免受虫害，并获丰收。

10. 凉山火把节

彝族是四川西部一个崇拜火的民族。人口150多万，居住在6万余平方公里的大小凉山。火把节是凉山彝族一年一度传统的重大祭祀性节日。自汉唐起，已沿袭一千多年，一般于每年农历6月24日举行，历时3天。火把节最初不过是彝族先民用打火把来驱虫辟邪、企盼丰收的民间习俗。在征服自然和改造自然的历史进程中，这种习俗逐步演变成今天的民间文化体育节日。

11. 新都桂花会

新都桂湖桂花飘香时，又正是满湖荷花盛开时，良辰美景，游人如织。于是，新都县政府决定在每年的中秋节前后在此举办桂花会。桂花会期间，除邀集人们游园赏桂、瞻仰升庵祠、参观文物书画展览等文化活动外，城内还同时举办物资交流会、展销地方名小吃、举办富有地方特色的歌舞、戏剧表演。

12. 藏年节

过年为汉族最为隆重的传统节日，四川藏族也是如此，不同的是过藏历年。四川藏族过年，多在藏历下月，历时3—5天。过年前，藏族各家屋内地上要铺松针，墙壁要刷白土，房屋内外要清扫，明窗净几，装饰一新。家家户户要杀猪，做猪膘，煮黄酒，制糕点。各地尚有不同的习俗。藏历除夕，喇嘛寺院要举办一年中最大的法会。新年第一天，家家争"头水"，又称"吉祥水"，据说在新年伊始之时第一个抢到的头水为金水，次之为银水，喝了之后可以除病生运。人们穿着节日盛装，手捧青稞酒互相拜年，见面时说"扎西德勒"（意为吉祥如意）。

13. 黄龙庙会

黄龙庙会为阿坝藏族羌族自治州内藏、羌、回、汉各族人民在黄龙寺的传统盛会，时在农历6月15日，会期3天。黄龙寺位于松潘县城以东70余里处藏龙山上，因相传黄龙真人养道于此，故名"黄龙寺"。农历6月15日是黄龙真人修道成仙之日。为了纪念黄龙助禹疏导大江之功，方圆数百里的藏、羌、回、汉各族人民，集会黄龙寺，举办庙会为黄龙祈祷，欢快歌舞。或游春观景，或祈祷吉祥，或亲朋欢聚，或谈情说爱诉衷肠，一片热闹景象。此外农历6月16日还有"洗山雨"的仪式。

14. 羌年和牛王会

羌族具有悠久历史，现主要聚居在四川阿坝州境内的茂县、汶川、理县以及松潘部分地区。羌年为羌族传统节日，又称小年，在每年农历十月初一。节日里，家人团聚，各户都用面粉做成各种形状的鸡、羊、牛等祭品，用以祭祖，然后把羊肉分给各家各户。再邀请亲友邻里到家，饮自酿的"砸酒"，边饮边歌。还跳"锅庄舞"、"兰寿舞"、"皮鼓舞"和举行"推杆"比赛。在茂县一带，过羌年有特殊规定：当年全寨没有成年人死亡过羌年，否则只能过春节。牛王会也是羌族传统节日。每年农历十一月一日举行，节期一天。此日，要让耕牛休息，喂以面馍和麦草。有的地方，要做日月形馍馍挂在牛角上，然后放其出圈自由活动。主人到牛王庙焚香烧纸，并宰羊一只、鸡一只，祈求牛王爷保佑耕牛平安不遭瘟疫。

15. 鬼城庙会

流行于丰都县一带，旧时，每至宇主神的诞辰，都要举行庙会。丰都鬼城寺庙林立，庙会众多，全年达 35 次。如正月初九玉皇殿办玉皇大帝圣诞庙会，二月初二天子殿为阎罗王天子圣诞并天子娘娘肉身成圣期举行天子会，四月初八大雄殿为释迦牟尼圣诞办佛主会，九月初八丰都大帝对圣诞举办土地会等等。中华人民共和国成立后，鬼城庙会曾一度中断。1988 年 4 月 18 日，丰都县举办首届鬼城庙会，在保留原有庙会特色的基础上，增加了经贸洽谈、物资交流等内容。该习俗至今流行。

＜鬼城庙会

16. 都江堰二王庙庙会

二王指李冰及其儿子二郎。传说农历六月二十四日是二郎生日，后两日为李冰生日。李冰父子凿离堆、开堰建渠为天府之国带来的福泽一直为

我爱四川

世人所崇敬、感激，二王庙庙会是以李冰父子为主题人物的每年农历六月二十四日和六月二十六日为中心的庙会活动，就在二王庙举办。届时，人山人海，香烟缭绕，演出很有地方特色。

17. 广元女儿节

流行于广元一带。相传，唐朝女皇武则天的母亲在广元游河湾时遇黑龙感孕，于农历正月二十三日生下武则天。故旧时民间以此日为武则天会期。这天，人们成群结队到皇泽寺、则天坝和嘉陵江畔游玩。妇女们穿戴一新，相互邀约沿河湾畅游，以讨吉祥。新中国成立后，此活动曾一度中断。1988年，广元市政府决定恢复这一民间节日，将节期定在公历9月1日，并定名为"女儿节"。

二、婚嫁习俗

1. 哭嫁

迎亲日子定下后，男女两家都忙碌起来。婚前一二十天，新娘便开始"哭嫁"，哭叙别离之情，边哭边唱。如果不哭，往往会被认为无家教，一心想嫁人。哭嫁歌有一定的格式，事前新娘会找人教。到迎亲前几日，有的亲属也跟着哭，姐妹帮着哭，直到进了花轿，新娘才停止啼哭。当然哭嫁在川内各有不同，一些地方只哭一两日，也有不哭的。新娘还要择吉日请有福妇女为自己"开脸"，用白棉线把脸上汗毛绞掉，等待迎亲日到来。

2. 背新娘

在凉山彝族的婚礼中，要数背新娘别有情致，饶有风趣。婚期将临，新娘便开始"饿食饿水"，彝家称之为"杂空"。杂空一般为三五天，有的

＜背新娘

长达半月。这期间，新娘仅吃点鸡蛋，喝几口水。杂空时间越长，姑娘越光彩。其实，杂空是为免去婚礼中大小便。新娘在去男方途中，以及在进男家的 3 天之内，如果有大小便，就会被人咒骂、耻笑。婚礼当天，姑娘穿上美丽的嫁衣，戴上金银头饰和彩带，新郎的弟弟或族弟便背着新娘上路了。新娘大哭大闹，女家妇女以追打形式送出村口，由新娘的兄弟叔伯等娘家亲人送往男家。不论山路崎岖，九曲七折，新娘都由人轮换背着走，人称"不抢不背身不贵，背去的媳妇赛千金"。据说新娘的脚不能着地，一旦着地，子孙后代不会昌盛。

3. 浪寨子

在松潘县等地，藏族青年男女喜欢"浪寨子"。这里未婚女子头搭红色或紫红色头帕，当小伙子看中了某个姑娘，不管认识与否，也不管有无他人，趁姑娘不在意时，就把姑娘的头帕抢走，当姑娘羞涩地追来时，小伙子即会停下来，告诉姑娘晚上到某个地方来取。到了晚上，姑娘小伙都约上几个好友，来到约定的地方。经过一番交谈，姑娘如果不满意，约会很快便散；如果姑娘有意，就会耍至深夜，在约定下次相见的时间后方才离去。经过几次浪寨子后,感情渐渐加深,而双方参加约会的人也越来越少,最后只剩两个有情人了。

4.苗寨婚事

四川苗族散居在川南和川东各县,其婚俗因地而异。苗族结婚,自古以来都不坐花轿,新娘步行到男家。到了结婚的日子,由媒人带领新郎等9人到女方家去迎亲,迎亲人数只能是单数。无论晴雨,均撑伞而行。到女家后,天井中有一伞,即各将带来的伞环绕在其周围,登堂入座,双方对歌,从提亲歌直唱到摆酒歌。唱毕,女家摆酒设宴款待客人。随后,新娘便在送亲人的陪伴下起程了。送亲人各地有所不同,但一般有伴娘、坐媒、哥弟等,有的还要有一对长辈夫妇作主。送亲(包括新娘)人数也必须是单数,这样送迎亲人加在一起,就成为双数,有"去单回双"之意。

苗寨婚事 >

5.泸沽湖畔阿注婚

泸沽湖镶嵌在川滇边界,其东属四川盐源县。居住在沪沽湖边的摩梭人至今仍沿袭着一种"男不娶女不嫁"的"走婚"习俗——阿注婚,"阿注"

　　　　　　　　　　　丰富多彩、包容万象的蜀文化

<摩梭姑娘

意为亲密的情侣。成年男女经恋爱,双方建立"阿注"婚姻关系后,男子夜间到女子家中偶居,次日黎明前返回,生产生活各从其家。"阿注"关系长短视双方感情而定。妇女在生产、生儿育女中居于家庭支配地位,子女从母姓,血缘按母亲计算。这种地球上至今仍然存活着"母系家庭"和"阿注婚"遗俗,被称作人类早期婚姻的活化石。

第三节　民间传说

　　四川的古史传说,大致可分为两种类型:一是上古巴、蜀先王世系传说,围绕黄帝系统而展开,包括螺祖传说、禹生石纽传说等;二是巴、蜀先王活动传说。其中后者最为丰富、生动和感人,如禹娶涂山、大禹导江、杜宇化鹃、鳖灵治水、凛君化虎等,说明了上古时代居住于四川广大地区的先民们与大自然英勇斗争的历史。在这种斗争中,他们既得以在四川地

我爱四川

区生存、繁衍和发展，又创造了灿烂的四川上古文明。这一时期，大约相当于中原的夏，商、周时期。而三星堆青铜文明，则可视为他们所创造的灿烂文明的代表。

一、巫山神女

巫山神女是我国历史上脍炙人口的神话传说,最早见于《山海经》。"巫山神女"也称"巫山之女",传说为天帝之女,本名瑶姬,是王母娘娘的第23个女儿。她心地纯洁，美丽动人，非常向往人间的美景。一天，她来到巫山下，碰上很多的人，拄着讨饭棍，提着破竹篮，哭哭啼啼，往外逃难。她正想上前打听，忽见上空乌云滚滚，有12条孽龙正在兴风作浪。瑶姬再也忍不住了，从头上轻轻拔下了一支碧玉簪，朝着12条孽龙一挥。一道闪光之后，立刻风停雨住，云散天开。12条孽龙全死了，坠落到地上。

可是孽龙死后还害人。它们的尸体变成了十二座高山，就是巫山，挡住东去的江水，这里便成了一片海洋。百姓们还是不能安居乐业。瑶姬看到百姓受苦，不忍离开他们，也就留下来了。后来，大禹到这里来劈山开峡。瑶姬知道了，便交给他一本《黄绫宝卷》，教他用锤、钎凿石，造车、船运土。大禹在她的帮助下，带领众人，凿石运土，苦累了几年，到底把三峡开通了，使江水流进了大海。据说现在巫山城外的授书台，就是当年瑶姬授书的地方。

王母娘娘想念瑶姬，于是让22个女儿到人间来找。22个姑娘乘云驾雾来到巫山，找到了瑶姬。姐姐们劝她回去，但她已经下定决心要留在这里照顾受苦的百姓。姐姐们纷纷议论起来，有的觉得应该帮助百姓，愿意陪着瑶姬留下来；也有的离不开妈妈，不赞成。瑶姬数了数，一边十一个，正好是对半。她说："妈妈年纪大了，要照顾；百姓们太苦了，要保佑。姐姐们就一半回天上，一半留人间吧。"

于是，大家高高兴兴地分手了。留下来的是翠屏、朝云、松峦、集仙、

丰富多彩、包容万象的蜀文化

<神女峰

聚鹤、净坛、上升、起云、飞凤、圣泉、登龙和瑶姬自己。后来，她们便变成了巫山十二峰。

　　紧临着长江，耸入蓝天的是望霞峰，又叫神女峰。透过缭绕的烟云，可以看到那峰顶上有一个俊秀美丽的影子，若隐若现，像石头又像人，在天上又在人间，那就是神女瑶姬。

二、大禹斩玉龙

　　从巫山县城沿江向西走，有一个很高很陡的错开峡，在峡东面的岩石上，有一根40人高的，顶细底粗的锁龙柱；在相对的峡西，又有一个半圆形的石岩，仰起脑壳看时，就像平时敲打的手鼓，叫做斩龙台；再从黛溪（又叫：大溪）往上走到一个叫庙宇槽的地方，那里有一个大得可装下七八只大轮船的石洞，人们叫它"龙洞"。

　　传说，原来龙洞里住着一条大白龙，是东海龙王的小儿子"玉龙"，

我爱四川

∧ 错开峡

因为触犯了龙规被贬到这里。东海老龙王因为十分溺爱这个小儿子，使他兴风作浪，无法无天，不知怎么竟触犯了龙规，受到龙兄龙姐们的谴责，成了众矢之的。在这种情况下，老龙王无法再袒护了，只得忍痛把他贬到这山旮旯里来，想让他在这儿受些磨难后再召回东海。开始，小玉龙呆在龙洞里还十分老实。但江山易改，本性难移，后来他就把哥哥姐姐和父王的规劝都抛在脑后，又作起恶来。

有一次，玉龙没有得到许可就想擅自跑回东海。他变成了一个白胡子老头，拄着一根七歪八拐的龙杖走了出来，却认不得路，只好问一个放牛娃。放牛娃仔细看着这个白胡子老头，非常奇怪，因为他根根头发都向上竖着，还有两根枝枝芽芽的龙角。放牛娃认出了他就是被贬到此地的小玉龙，就舞起镰刀顺手一指黛溪的方向，叫它回洞里呆着去。玉龙好不生气，就地一滚马上现了原形，将龙头一拐，龙角把一座大山劈成了两半，形成

丰富多彩、包容万象的蜀文化

了今日的错开峡。小玉龙一时窜得性起，使出了全部本领想把巫山变成大海，自己好独霸此地，为所欲为。眨眼间，天上翻起了黑云，地下涨起了大水……。

大禹知道此事后，马上提起了寒光闪闪的屠龙宝剑，带上了神女姑娘赠送的天书，踏着浪头向巫山赶来。这时，小玉龙举起龙杖向大禹劈头盖脸地砸来。大禹借着他砸空后溅起的浪头轻轻一蹦，翻身骑到了小玉龙的背上，双手扳住了龙角。大禹不管小玉龙怎样扑打翻滚，都紧紧抓住龙角不松手。小玉龙纵有天大的本事也施展不得，最后一丁点力气都没有了，乖乖地躺在地上。大禹用一根铁链拴住了小玉龙，牵来锁在峡东的锁龙柱上。大禹拴好了小玉龙，就按照神女姑娘传授的办法，领着峡中的人们疏通航道，开垦良田，使小玉龙闹水为害的地方又慢慢地富庶起来。

有一天，小玉龙趁大禹给他换链子的时候想挣脱逃跑，大禹一剑将他杀死。从此，人们就把杀死小玉龙的地方叫斩龙台。现在还有人说，巫山的"暮雨"，就是东海老龙王为他心爱的小玉龙被杀而落下的眼泪。

三、兄妹巧修峨眉山

相传很早以前，峨眉山上是没有路的。虽然山上到处是千恣百态的奇峰怪石和灿烂秀丽的奇异景色，但是由于没有路，人们还是不能上山去游玩。

有一年，峨眉山下来了两兄妹，哥哥叫春哥，妹妹叫巧姑。兄妹俩要到山上去游玩，但见山上没有路，就商量说："我们修条路上山吧！"春哥说："我们一个修一条，看谁修得又快又好。"巧姑认为前山风景好，就决定从前山修。春哥则从后山修。二人约定，谁先修上去，就在山顶上撒起一片彩云。

兄妹二人随即动手修路了。春哥是个棋迷，他想，巧姑怎么能赢过我，我下盘棋再修也不迟。于是，他不慌不忙地在后山脚下的一块石头上，摆好棋盘，同别人下起棋来，很快就把修路的事忘得干干净净。

可是巧姑却不偷闲，她采来最硬的花岗石，开成石块，在上面刻上花、鸟、虫、鱼等铺在路上。她又运来最好的木料，在上面雕上玉龙和彩凤，用来修桥。她还在路旁栽上了热杉、冷杉、云杉、水杉、柳杉、雪松和翠析等树苗。这些树苗随着道路的延长，一天天长大成林，把峨眉山装点得一片翠绿。

正在下棋的春哥，一抬头见巧姑已经快修到山顶了。这下他慌了，忙动手修路，可是已经迟了。刚修到山腰，就见山顶上飘起了一片彩云。春哥知道巧姑已经修到山顶了。他连忙解下身上雪白的腰帕，往山上一抛，只见一片滚滚云海，从后山腰一直涌上山顶。太阳还给那翻卷的云涛镶上了一道道耀眼的金边。春哥对巧姑说："巧妹，你给峨眉山修了一条路，我给峨眉山修了一个海。"巧姑站在山顶一望，只见滚滚云海簇拥着苍翠的群峰，就像大海颗颗碧绿的明珠，好看极了。巧姑又摘下头上的纱巾，披在山上，给峨眉山罩上了一层薄轻纱；又把头上插的花摘下来栽在山上，让满山开遍了各种颜色的美丽鲜花。

峨眉山＞

　　　　　　　　　　　丰富多彩、包容万象的蜀文化

春哥见巧姑把身上的许多东西都用来打扮峨眉山，自己却没有东西拿出来，很不好意思。他往身上一摸，摸到了下棋时揣在身上的四个金棋子。于是，他用一个棋子给山顶上的寺庙做了一个金庙顶，后来人们就把它叫做金顶。剩下的三个棋子，他往天上一甩，有两个掉到金顶旁边变成两座小山峰，就取名叫千佛顶、万佛顶。从此，峨眉山就有了三个山顶。另外一个棋子掉在了云海里，大家都以为那是日出，其实，就是那颗发光的金棋子哩。

春哥下过棋的那块石头，现在人们还叫它棋盘石。

四、杜宇化鹃

古时候，有一个叫杜宇的男子忽然从天上降落下来，落在蜀国东南的朱提。恰巧有个名叫利的女子，也正从江源的井水里涌现出来。二人两情相悦，结为夫妻。杜宇自立为蜀王，号称望帝，把郫地定为他的国都。

望帝很关心人民生活，但没什么好办法根除水患。有一年，忽然从江水里浮上来一具男尸。这具男尸竟然逆流朝上浮，人们便把他打捞上来。尸首一碰到江岸的土地就复活了，他自说是楚国人，名叫鳖灵。后来望帝觉得鳖灵智慧聪明，且水性好，便任命他为蜀国的宰相。鳖灵在治水上表现出非凡的才能，他带领人民凿开了巫山，使壅塞的水流通过巫峡，奔流

＜杜鹃

我爱四川

到夔门以外的大江里去，将洪水的灾患平息了。望帝因为鳖灵治水有功，自愿将王位禅让给他。鳖灵接受了王位，号称开明帝，又号丛帝。望帝本人却跑到西山隐居了。

没多久就谣传说，当鳖灵到外面去治水的时候，望帝却在家里和鳖灵的妻子私通。鳖灵治水回来，望帝因为羞惭才把王位禅让给鳖灵。隐居在山林中的望帝，真是百思不得其解，但他百口莫辩，最后郁悒愁闷地死在了深山穷谷里。他死了以后，魂灵化做杜鹃，也叫杜宇，整天一声声悲哀地啼叫："不如归去！不如归去！"直到它的口里流出鲜血。

五、李冰父子凿离堆

两千多年前，李冰当了蜀郡守，他带着儿子二郎来到任上。那时候，蜀郡正闹灾荒。两父子赶到玉垒山看水势。看到江水一浪高过一浪，虎头岩伸到江心水转向南流，南路涨洪水，淹死人畜；东边平坝上，又缺水灌田。

虎头岩脚下，有条没有凿通的旧沟，那是早先蜀国丞相鳖灵凿山的遗迹。李冰听一些老年人闲谈：只要在河心筑一道分水堤．把江流分成两股，南边的洪水就没有那么凶了，再凿开玉垒山的尾子，开条新河，那就化水害为水利啦！李冰想：鳖灵选定这个地方开河，真高明！只是这里全都是子母岩，硬得很．鳖灵都没有搞出个名堂，我又怎么能啃得动呢！这时，他忽然看见两只公鸡正在岩上争啄晒存那里没有收尽的谷粒，有了启发：小小的公鸡能用嘴壳啄穿岩层，人就不能用双手劈开大石，修通水渠吗？

开山要用铁器，李冰听说上游煤山出铁，就叫二郎去找。二郎到了煤山，访问到一个名叫"钝铁匠"的师傅，造了一把三尖两刃刀。这刀神奇得很，能大能小，能短能长。叫它小，能缩来藏在袖筒里；叫它大，能伸到好几丈。那时候，煤山有七个猎人，个个能降龙伏虎，就是脾气有点怪，人称"煤山七怪"。七怪碰见下山的二郎，要他留下三尖两刃刀。二郎从袖筒子

丰富多彩、包容万象的蜀文化

<李冰父子塑像

里取出刀来一晃，那刀就变成丈把长，把七怪吓了一大跳。他们向二郎求饶，二郎说："若要我不杀你们，就得跟我去治水。"

他们来到玉垒山。李冰正在这里指挥民夫开山。堆起柴禾，用火烧后，半边天都映红了，岩石受热裂开，爆出阵阵响声。烈火猛烧过后，又用水泼。一热一冷，裂缝更大了，再用工具撬的撬，凿的凿。二郎从袖筒里取出三尖两刃刀，一晃丈把长，在山岩上轻轻一划，眼前就出现一道深槽。二郎和七怪跳下去，拿刀尖顶住岩壁，用力——掀，只听到"轰隆隆"一声响，山尾子离开好几丈远，一扇石门打开，水从缺口处流进来，人们称这个缺口为"灌口"。因为它像瓶子的口子，又叫"宝瓶口"。

第四节　四川地方戏曲、曲艺

一、川剧

我爱四川

川剧是最具四川特色的艺术。早在唐代就有"蜀戏冠天下"的说法。清代乾隆时在本地车灯戏基础上，吸收融汇苏、赣、皖、鄂、陕、甘各地声腔，形成含有高腔、胡琴、昆腔、灯戏、弹戏五种声腔的用四川话演唱的"川剧"。其中川剧高腔曲牌丰富，唱腔美妙动人，最具地方特色，是川剧的主要演唱形式。川剧帮腔为领腔、合腔、合唱、伴唱、重唱等方式，意味隽永，引人入胜。川剧语言生动活泼，幽默风趣，充满鲜明的地方色彩，浓郁的生活气息和广泛的群众基础。

常见于舞台的剧目就有数百种，唱、做、念、打齐全，妙语幽默连篇，器乐帮腔烘托，"变脸"、"喷火"、"水袖"独树一帜，再加上写意的程式化动作含蓄着不尽的妙味。川剧为世人所喜爱并远涉重洋传遍世界。川剧名戏《白蛇传·金山寺》更是在国内外流传甚广。

变脸，是运用在川剧艺术中塑造人物的一种特技。它是揭示剧中人物内心思想感情的一种浪漫主义手法。相传"变脸"是古代人类面对凶猛的野兽，为了生存把自己脸部用不同的方式勾画出不同形态，以吓唬入侵的

川剧变脸 >

　　　　　　　　　　　　　　丰富多彩、包容万象的蜀文化

野兽。川剧把"变脸"搬上舞台，用绝妙的技巧使它成为一门独特的艺术。变脸的手法大体上分为三种："抹脸"、"吹脸"、"扯"。此外，还有一种"运气"变脸。

"抹脸"是将化妆油彩涂在脸的某一特定部位上，到时用手往脸上一抹，便可变成另外一种脸色。如果要全部变，则油彩涂于额上或眉毛上，如果只变下半部脸，则油彩可涂在脸或鼻子上。如果只需变某一个局部，则油彩只涂要变的位置即可。如《白蛇传》中的许仙、《放裴》中的裴禹、《飞云剑》中的陈仓老鬼等都采用"抹脸"的手法。

"吹脸"只适合于粉末状的化妆品，如金粉、墨粉、银粉等等。有的是在舞台的地面上摆一个很小的盒子，内装粉末，演员到时做一个伏地的舞蹈动作，趁机将脸贴近盒子一吹，粉末扑在脸上，立即变成另一种颜色的脸。必须注意的是：吹时闭眼、闭口、闭气。《捉子都》中的子都、《治中山》中的乐羊子等人物的变脸，采用的便是"吹脸"的方式。

"扯脸"是比较复杂的一种变脸方法。它是事前将脸谱画在一张一张的绸子上，剪好，每张脸谱上都系一把丝线，再一张一张地贴在脸上。丝线则系在衣服的某一个顺手而又不引人注目的地方（如腰带上之类）。随着剧情的进展，在舞蹈动作的掩护下，一张一张地将它扯下来。如《白蛇传》中的钵童（紫金铙钵），可以变绿、红、白、黑等七、八张不同的脸。再如《旧正楼》中的贼、《望娘滩》的聂龙等也使用扯脸。"扯脸"有一定的难度。一是粘脸谱的粘合剂不宜太多，以免到时扯不下来，或者一次把所有的脸谱都扯下来。二是动作要干净利落，假动作要巧妙，能掩观众眼目。

还有一种方式是"运气变脸"。传说已故川剧名演员彭泗洪，在扮演《空城计》中的诸葛亮时使用。当琴童报告司马懿大兵退去以后，他能够运气功而使脸由红变白，再由白转青，意在表现诸葛亮如释重负后的后怕。

总之，变脸是川剧中最有名的技巧，现在已被其它兄弟剧种所借鉴，并且已经流传国外。

我爱四川

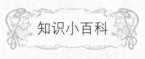

知识小百科

何洪庆先生的变脸绝活儿

何洪庆出身川剧世家，身受熏陶，耳濡目染，所以自幼便酷爱川剧。何洪庆先生不仅戏唱得好，还有一手绝活，那就是川剧变脸表演。何洪庆先生赋予变脸新的风格，那就是"阳刚之美"。他将变脸的脸谱和服装都做了许多改进，使得人物不再是诡异凶狠的反面人物性格，而表现出挺拔、潇洒的正面人物性格。他用"阳刚之美"的武生身段来表演变脸，在变脸技艺上反复磨炼，创造了"快三张"的绝技。这项绝技是在瞬间连续变幻三张谱而且不用扇子遮挡，水平之高令人叹为观止。而今何洪庆先生的变脸已集大成，曾参加了中央电视台03—04春节晚会的演出，同时多次出国为外国友人献艺，为川剧变脸提高了声誉，也为川剧扩大了知名度，得到观众的普遍好评。

二、曲艺

曲艺在我国有着悠久的历史，是广大人民群众喜闻乐见的一种艺术形式。四川曲艺，源起很早，东汉时四川的说唱艺术已很流行。四川的曲艺有十多种，大致可分两大类。一类是行腔的，如：四川扬琴、竹琴、清音、金钱板等；一类是不行腔的，如：四川相书、评书、谐剧、方言诗朗诵等。以上两类中，也有衍变为唱中加说，或说唱兼备的。

四川扬琴，早在清朝乾隆年间就开始流传于成都、重庆等地。因演唱时主要以扬琴为伴奏乐器而得名，素有"坐地传情"之称。四川扬琴吸收了川剧和清音之长，通过唱和道白，将叙事、抒情与戏剧融为一体，有层次地表现戏剧情节。扬琴演唱一般为5人，分生、旦、净、末、丑5种角色，分别操作扬琴、鼓板、小胡琴、碗碗琴、三弦，边伴奏边说唱，曲牌丰富。

四川清音，早期称"唱小曲"、"唱小调"，又因演唱时艺人自弹月琴

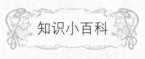

或琵琶，被称为"唱月琴"或"唱琵琶"。20 世纪 50 年代以后，人们才将其定名为"四川清音"。它用四川方言演唱，流行于以成都为中心的城市与农村，以及长江沿岸的水陆码头。20 世纪五六十年代，四川清音进入剧场，坐唱的形式逐渐被站唱所取代，改为演员自己敲击竹节鼓打板演唱，配以小乐队伴奏，乐器有琵琶、高胡、二胡、中胡等。

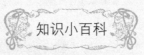

知识小百科

四川清音著名演员李月秋

李月秋，1925 年生，四川成都市人。7 岁拜师学唱四川清音，12 岁出师后便在书场茶馆演唱，受到听众的赞誉。50 年代后就职于成都市曲艺团，从事四川清音的演唱。她擅唱的曲目有《绣荷包》、《秋江》、《尼姑下山》。1957 年她参加了在莫斯科举行的第六届世界青年 联欢节，演唱了《小放风筝》、《忆娥郎》，获得金质奖章。她的嗓音清脆，演唱柔媚秀丽，亲切委婉，对曲目内容的表述细腻，富有生活情趣。她将前辈创造的"呵呵腔"发展为独具特色的"哈哈腔"，形成了独具特色的演唱风格，如《布谷鸟儿咕咕叫》所用的"哈哈腔"，给人留下了极为深刻的印象。

< 四川清音

我爱四川

以说为主的四川评书，明代以后流行四川各地。艺人借助桌子、醒木、折扇、帖子等道具，以语言吸引听众，并有一些表演动作。其表演地点多为茶馆,听众可以边品茗边听书。四川评书分"清棚"（文书）和"雷棚"（武书）两大派。艺人一方醒木，一张手巾和一把折扇，又说又演，亦述亦评，把故事说得绘声绘色，角色扮得维妙维肖。

四川谐剧是民国时期产生的一种新型曲艺品种，由王永梭于 1939 年首创。其特点是采用话剧手法，以博笑为手段，采用幽默风趣的四川方言，置严肃的主体于轻松活泼的笑料之中。一个演员扮演一个角色（有时几个角色）、表演一台戏、其他人物则通过演员的表演动作和神情，显示他们的存在，有些类似单口相声、独角戏和单簧，被誉称为"一人上场、满台生辉"。

四川花鼓：一般以两人为一棚进行表演，一人主唱，一人伴奏相和，道具仅为小锣、小鼓。其独特之处为抛棒（刀）击鼓，类似杂耍丢刀。如今在国际上也享有一定声誉。

四川皮影：四川皮影又叫"灯影戏"，清代极盛。像山西皮影一样，也分东西两路。东路分布于川东、川北山区，影人形制多以直线造型、刻工精细，形体高约 30 厘米，以牛皮制成。因为从陕西渭南传来之故，当地人称作"渭南影子"。西路分布于川西成都地区，影人形制受北京皮影

谐剧 >

丰富多彩、包容万象的蜀文化

影响，高约 60 厘米。皮影戏主要是根据传说事物提炼加工，制作出了一些鬼怪、门神、动物、花鸟等形神兼备的作品，四川皮影所演剧目除历史、神话、传说外，多为谐剧。影人造型夸张、滑稽，脸谱服饰多仿川剧，因而很有地方特色。

"文化大革命"结束后，曲艺家与一批文学家音乐家共同进行传统节目的整理和新节目的创作，新创曲目大量出现，思想性、艺术性有所提高。

三、秀山花灯

秀山花灯起源于唐宋，延续于元明，兴盛于清代，是一种集歌、舞、戏剧和民间吹打于一体的以歌舞表演为主的综合性表演艺术。四川省秀山县素称"花灯歌舞之乡"，其花灯戏源于汉族"灯儿戏"，后来融入了秀山土家族、苗族的歌舞表演技巧，发展为一种格调新颖、歌舞动人、为汉、土、苗各族人民喜爱的艺术形式，其广泛流传于四川、湖南、贵州、湖北四省交界的土家族聚居地区。秀山花灯表演每年从正月初二开始，至正月十五结束，十六以后叫"厚脸灯"。秀山花灯的传统表演，场地不限，院坝、堂屋、街头巷尾，只要有一个十多平方米的平地即可。由于各地花灯班表演形式和表演风格、表演内容的需要，也有需要特殊场地的。如表演"高台花灯"，就需要传统老式的木方桌二至三张，表演的二人在几张桌子重叠高度的桌面上进行花灯二人转表演。花灯小戏，需要"搭台子"，简易布景，一般是在坝子的土台上表演，或者在吊脚楼上表演。历经数百年的发展，秀山花灯逐渐形成了具有独特风格的民间艺术。

四、竹枝词

竹枝词是在唐代巴蜀民谣"竹枝歌"的基础上，经文人再创作而广为流传的一种诗歌体裁。主要因四川乃熊猫之故乡，竹子甚多而产生民歌中的《竹枝》，流传年代古老。从民歌演化为文人诗体，一般认为是从唐代刘禹锡开始的。刘禹锡在夔州作了三年刺史，发现和改编竹枝歌。其代表作品是《竹枝词九首》，如"杨柳青青江水平，闻郎江上踏歌声。东边日头西边雨，道是无晴却有晴。"其运用谐声与双关的修辞手法，描绘了一位初恋中的女郎忽闻情人恋歌时乍疑乍喜的内心活动，别出心裁，以巧见长，出奇制胜，格调清新。它实际是为当时民间的竹枝词歌舞作的新词。他的新词具有鲜明的民间歌谣格调，又有浓郁的生活气息，所以在民间得到广泛流传。

竹枝词在漫长的历史发展中，由于社会历史变迁及作者个人思想情调的影响，其作品大体可分为三种类型：一类是由文人搜集整理保存下来的民间歌谣；二类是由文人吸收、融会竹枝词歌谣的精华而创作出有浓郁民歌色彩的诗体；三类是借竹枝词格调而写出的七言绝句，这一类文人气较浓，仍冠以"竹枝词"。到了当代，竹枝词创作仍然方兴未艾。概要地说，竹枝词是反映新时代生活、风貌、民俗、娱乐等的重要载体。

五、傩戏

傩戏，源于远古时代，早在先秦时期就有既娱神又娱人的巫歌傩舞。

傩戏＞

丰富多彩、包容万象的蜀文化

明末清初，各种地方戏曲蓬勃兴起，傩舞吸取戏曲形式，发展成为傩堂戏、端公戏。傩戏于康熙年间在湘西形成后，由沅水进入长江，向各地迅速发展，形成了不同的流派和艺术风格，现流行于四川、贵州、安徽贵池、青阳一带以及湖北西部山区。四川、贵州的傩戏吸收了花灯的艺术成分。戴柳木面具的演员扮演传说中的驱除瘟疫的神——傩神，用反复的、大幅度的程序舞蹈动作表演，多在固定的节日演出，极具原始舞蹈风格。

第五节　四川的茶馆

巴蜀是我国最古老的产茶胜地之一。早在秦汉以前，四川一带已盛行饮茶。西汉时，茶是四川的特产，曾通过进贡传到京城长安。四川是我国茶树的发祥地之一。四川有"仙茶故乡"所产的蒙山茶、峨眉山的峨眉竹叶青、被康熙帝御赐"天下第一圃"的邛崃花楸贡茶、青城山的青城茶、屏山县的屏山毛尖等闻名天下的茶叶。而在饮茶方面，四川茶馆之多堪称中国之最，城乡处处有茶馆，处处有喝茶的休闲人群，这已经成了四川大街小巷的一景。

没有进过四川的茶馆决不算到过四川。茶、茶馆，在四川，是一种文化，也是一种生活。自古以来，川人便保留了喜好饮茶的习惯，不管男女老幼，贫富尊卑，只要有时间就会来茶馆喝上一碗。有句谚语这样形容四川："头上晴天少，眼前茶馆多。"

茶馆是人们了解天下信息的重要休闲场合。四川高山环抱，古代交通非常困难，想了解全国形势实在不易。于是，茶馆首先便突出了"传播信息"的作用。四川人进茶馆，不仅为饮茶，更是为获得精神上的满足。川茶馆的第一功能是"摆龙门阵",一个大茶馆便是个小社会。过去许多人一起床便进茶馆,连洗脸都在茶馆里。然后是品茶和早点,接下去便摆开了龙门阵。四川茶馆陈设并不十分讲究,但干净舒适。茶馆有桌凳,有的还设一排竹躺椅。客人可以坐着品,也可以躺着品。四川茶馆里的行茶师傅都有一手绝活,客人进门,在竹椅上一躺,伙计便大声喊着打招呼,然后冲上茶来。若是集体饮茶,你便会看到一场如"杂技小品"一般的冲茶表演。茶博士顿时托一大堆茶碗来陈列桌上,茶碗都是有盖的。这时,茶师傅左手揭盖,右手提壶,一手翻,一手冲,左右配合,纹丝不乱,而速度又快得惊人,甚至数十只杯,转眼间翻盖冲水即毕,桌上可以滴水不漏。这种行茶方法,既体现了我国茶文化中"精华均匀"的传统,又表现出一种优美韵律和高超的技艺。川东人和川南人爱饮沱茶。这是一种紧压茶,味浓烈,清香久,且对持久品饮以伴长谈最相宜。沱茶经泡,一盅茶可以喝半天,有的人清晨喝到中午,临走还留话:"把茶碗给我搁好,吃罢晌午饭我还来。"川西坝子的人却爱饮茉莉花茶。四川人口才好,脑子快,能言善辩。不论老友新知,一进茶馆皆是谈友,大事小事都能说个天方地圆,如云如雾。

茶馆除了休闲之外,还是重要的社交场所。在旧社会,三教九流相聚在此。不同行业、各类社团在此了解行情、洽谈生意、看货交易;黑社会买卖枪支、鸦片也常在茶馆进行;袍哥组织的"码头"也常设在茶馆里。这些茶馆大多还兼营饭馆、旅店。"舵把子"关照过的朋友,每个茶馆都会关照。一架滑竿抬来客人,只要在当门口桌子上一坐,茶馆老板便认为是"袍哥大爷",上前问声好,恭恭敬敬献上茶来。茶罢,还不收茶钱,说:"某大爷打了招呼,你哥子也是茶抬上的朋友,哪有收钱的道理?"

不少茶馆还是文人活动场所。有些四川作家写作专到茶馆里,"闹中取静",没有茶馆便没有灵感。在那里,学生们可以吟诗、作画、谈心,成立"南北社"等,比一般茶馆多了些风雅气氛。四川不仅大中城市茶馆多,小的镇邑也总有茶馆。甚至乡间场上,茶馆也占有重要地位,碰上赶场天,茶桌子一直摆到街沿上。在那里,你可以观赏到川剧、四川清音、说唱,

丰富多彩、包容万象的蜀文化

<茶馆

还有木偶戏。

在四川，民间主要生意买卖也都是在茶馆进行的。成都，有专门用来进行交易的茶馆，在那里一般都设有雅座，有茶、有点心，还可以临时叫菜设宴，谈生意十分方便。旧时买官弄爵，也是在茶馆里讲价钱。至于乡间茶馆，更是生意人经常聚会的地方。

四川茶馆具有多功能性，集政治、经济、文化功能为一体，大有为社会"拾遗补缺"的作用。虽然少了些德雅，但茶的文化社会功能却得到充分体现，这便是四川茶馆文化的一大特点。

四川茶馆以成都为最。成都人尤其爱喝茶，爱泡茶馆。据考证，成都新津县是中国第一个开始茶叶贸易的地方。唐宋时，成都一直是重要的茶叶生产基地、茶叶零售基地和批发的贸易中心。自清以来，逐渐形成了独特的茶馆建筑，保留至今，成为古蜀文化重要的一部分。成都独特的矮凳和竹椅，配上三位一体的茶具，包括碗、盖、盘，构成了独特的四川茶文化。茶馆分布在市区街道和乡村院落，茶馆数量居四川省第一，世界上还没有一个城市的茶馆能与成都匹敌。成都茶馆极具特色，茶馆好么师（茶博士）、老堂倌的"搀茶"（冲泡）技艺观赏性特强，历来脍炙人口，被誉为"锦城一绝"。

第五章

四川历史名人

　　天府之国，富饶广阔，物华天宝，人杰地灵。四川的历史底蕴、文化氛围，产生了一代一代的历史名人，他们或影响和改变了历史的进程，或为我们留下了丰富的文化瑰宝。正是这些历史人物，让中华历史和文明显得无比灿烂和辉煌。

∧ 成都琴台路

第一节　落下闳

　　我国古代历法的种类很多，仅《汉书》就记载有黄帝历、颛顼历、夏历、殷历、周历、鲁历6种。这些历法都是战国时期各国使用的历法，由于各家所取的历元不同，就形成了四季混乱，给生产、生活带来了困难。人民群众早就渴望对历法进行改革。秦统一后，在全国推行颛顼历，基本上结束了战国以来历法的混乱局面。但颛顼历经过110多年的使用后，累积误差越来越大，出现了"朔晦月见，弦望满亏，多非是"的严重情况。改革历法已经是迫切需要解决的问题了。经太史令司马迁奏请，汉武帝决定由大中大夫公孙卿、壶遂、司马迁和从民间征召来的天文学家落下闳、唐都等人共同议造汉历，由司马迁主持其事。从此开展了中国有史以来的第一次历法大改革。经过讨论，最初提出了修改方案18个，汉武帝对这18个方案都亲自斟酌，逐一审查，最后罢去17家之说，采用了落下闳、邓平提出的"八十一分律历"的方案。从公元前110年（太初元年）开始，约经7年，到公元前104年（太初元年）新历才告完成。新历初用夏正，以正月为岁首，因此汉武帝将新历定名为"太初历"，并改年号为太初。这是我国有文字记载的第一部最完整的历法。

　　太初历比过去的任何一个历法都科学，优点有三：首先是坚持天象实测，考定历代重大的天文数据，使太初历的制定建立在科学实践的基础上。其次，太初历开始确立以孟春正月为岁首的历日制度，把历法同四季的顺序、人民群众的习惯和要求统一起来。这种历日制度，两千多年来一直沿用。第三，太初历改革了闰法，以无中气之月，置闰。这是历法为劳动生

＜落下闳塑像

产服务的一项重要改革措施，也是我国古代历法发展史上的一个重要的标志。这种置闰法一直沿用到明代末年，使用了1700多年。

　　落下闳在制定太初历时，本着"历之本性在于测验，而测验之器，其先仪表"的认识，亲自制造了我国古代第一部比较精密的观测仪器，这就是中外闻名的落下闳浑仪。落下闳通过他创制的浑仪对天体进行具体现测，从而为我国古代长期发展起来的重要宇宙观——"浑天说"奠定了科学的理论基础。我国在战国以前，有所谓盖天说，到战国时期，惠施（前

我爱四川

370—前310年）提出了天地都是圆形的设想，但使"浑天说"发展成一种比较完整的宇宙结构学说，是由落下闳完成的。落下闳所完成的"浑天说"成为我国古代宇宙结构的先进学说，一直占据主导地位。

在数学方面，他发明"连分数（辗转相除）求渐进分数"的方法，定名"通其率"，现代学者称之为"落下闳算法"。连分数的理论，在西欧直到公元1579年才由朋柏里提出来。我国落下闳对这一原理的提出和运用，比西欧早了1600多年。落下闳在数学上取得的辉煌成就，是不能忽视的。

落下闳在我国古代天文学上之所以能取得这样重大的成就，其最根本之点，就在于他重视实践，勇于革新。落下闳在天文学、数学、农学上的一系列开创性的贡献，已经被学术界公认，英国科技史学家李约瑟称他为"中国天文史上最灿烂的星座"。2004年9月16日，经国家天文学联合会小天体提名委员会批准，中国科学院国家天文台已将其发现的国际永久编号为16757的小行星命名为"落下闳星"。从此，落下闳真正成为一颗永恒闪耀在星空中的璀璨之星。

第二节　司马相如

鲁迅在《汉文学史纲要》中曾说："武帝时代，赋莫如司马相如，文莫如司马迁。"司马相如（前179—前117年），字长卿，少名犬子，蜀郡成都（今四川成都）人，西汉大辞赋家。其代表作品为《子虚赋》。作品词藻富丽，结构宏大，使他成为汉赋的代表作家，后人称之为"赋圣"。

司马相如从小喜欢读书，也学过击剑。少年时代读战国历史，深为蔺相如的为人品质所感动，于是更名为"相如"。这时他家相当富裕，因此

<司马相如塑像

得以拜为郎，当了汉景帝的武骑常侍，任务是陪皇帝打猎。司马相如曾受业于著名经学家胡安，又善写文章，希望在文学领域里有所作为，所以不久便以身体不好为由辞去职务，东游梁国（西汉封国，都睢阳，今河南商丘南），作了梁孝王的宾客。当时的梁，可以说是全国文学活动的一大中心，著名辞赋家邹阳、枚乘、严忌子（庄夫于）等都在这里。司马相如在梁地住了几年，经常和文人们交往，写下不少作品，其中最有名的是《子虚赋》。

梁孝王死后，司马相如回到故乡成都。这时他家已经衰败，贫穷无以为生。他的朋友王吉时为临邛（今四川邛崃）令，邀他暂住。王吉对他十分恭敬，每天都去看望。临邛富豪之家误以为司马相如是什么显贵，便另眼相看，还设宴招待。这天，临邛第一富家卓王孙设宴。酒酣，王吉请司马相如表演弹琴，司马相如调拨琴弦，弹唱出美妙悠雅的《凤求凰》："凤兮凤兮归故乡，游遨四海兮求其凰。"在座的人都为他的风采所倾倒。卓王孙的女儿卓文君因丈夫死去不久，寡居家中，听到高山流水般的琴声，甚为心动。而司马相如也早从王吉那里知道了卓文君，只是没有机会接触，弹奏此曲也是"意在文君"。宴会后，司马相如通过卓文君的侍女向其表

我爱四川

司马相如的家乡蓬安 ∧

白了爱慕之情。一天夜里,勇敢的卓文君不顾封建礼教的束缚,从家里逃出,奔到司马相如的住处,结伴到成都去了。不久,卓文君和司马相如又回到临邛,卓王孙宣布不给女儿一分钱。卓文君并不屈服于命运的安排,当垆卖酒,以之谋生。卓王孙见无法使女儿屈服,只好给女儿补送一份嫁妆。于是,卓文君和司马相如又回到成都,购置田地房屋,过着富裕的生活。

汉景帝死后,汉武帝即位。有一天,汉武帝读司马相如的《子虚赋》,连连称赞,立即召见司马相如。司马相如又倾注全力写成《天子游猎赋》,汉武帝极为赞赏,即以司马相如为郎。

公元前130年(元光五年),汉朝在设置了夜郎郡(位于今贵州北部、四川南部)以后,又派唐蒙去打通西南夷道(即石门道,从今四川宜宾、经云南昭通、贵州咸宁、复至云南宣威、曲靖、昆明)。为了完成这艰巨的工程,成千上万的巴蜀人民被迫离乡背井,去从事艰辛的劳动,死者甚众,在巴蜀引起很大惊恐。公元前128年(元朔元年),汉武帝派司马相如出使巴蜀去抚慰民众。司马相如理解和支持开发西南夷道的工作,汉武帝以其为中郎将,负责开发西南夷。司马相如完成任务回到京都,受到汉武帝褒奖。不久,便有人上书诬告他出使期间接受贿赂,被罢官。过了一年多,又复召为郎。

这时，汉武帝迷恋游猎，后来又幻想成仙成神，长生不老。司马相如先后写了《谏猎疏》、《大人赋》等委婉地进行规劝，汉武帝并未领会。

晚年，司马相如担任孝文园令。因身体不好，他常在茂陵（今陕西咸阳西）家中闲居。汉武帝担心他去世后著述散佚，便派人到茂陵去搜集。但使者晚到一步，司马相如已经与世长辞，时年62岁。使者问起著作，卓文君说，长卿勤于著述，写了不少东西。但写成以后，马上就被人要去，家中一篇也没有保存下来。

综观司马相如的一生，政治上，他维护国家统一，主张大力开发西南少数民族地区，反对帝王的奢侈，在当时的历史条件下，具有进步意义。不过，他的主要活动不在政治舞台上，他的贡献主要在文学方面。从战国后期开始，我国出现了一种新的文体。这种新的文体介于韵文和散文之间，以内容的铺陈夸张和辞藻的绮丽纷繁为主要特点，人们称之为"赋"。赋盛行于汉代，司马相如则是汉赋的奠基者和代表作家。据《汉书·艺文志》记载，司马相如有赋29篇，流传至今可以确认的有《天子游猎赋》、《哀二世赋》和《大人赋》3篇，均载于《史记》、《汉书》。司马相如还是一个有成就的散文家，知识渊博，著述很多。司马相如的成就，也促进了四川地区文化的发展，班固认为："西蜀自相如游宦天下，而文章冠天下。盖后之扬雄、王褒、李尤，因皆蜀人也。"

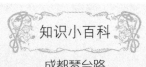

知识小百科

成都琴台路

琴台路是成都市区内有名的一处胜景，之所以是成都胜景，不仅仅在于其鳞次栉比的红砖青瓦，而且还有琴台二字间浓浓的人文情怀。这里是传说中卓文君当垆卖酒的旧址。琴台路就是专门为纪念西汉时期的传奇人物、相知相爱的卓文君与司马相如而命名的。

当年卓文君与司马相如在这里开了一家酒铺，淡妆素抹的卓文君，放下大家闺秀的身价，站在置放酒瓮的土台上当炉卖酒，不卑不亢，神态自如。风流倜傥的司马相如亦不抚琴，他与酒店的伙计一样身着短脚裤，提壶洗碗干杂活，谈笑风生。"当炉卖酒"成为千古不朽的爱情佳话。

第三节　陈　寿

　　陈寿（233—297年），字承祚，西晋巴西郡安汉（今四川南充）人。著名史学家、文学家，史书《三国志》的作者。

陈寿塑像＞

　　　　　　　　　　　　　　　　　　　　巴山藏锦绣　蜀水铸文章

陈寿生于蜀汉后主建兴十一年，年少好学，聪慧敏识，文才出众。陈寿是蜀国人，在蜀作官，任过观阁令史、东观秘书郎、散骑黄门侍郎。当时宦官黄皓专权，陈寿洁身自好，不与之同流合污，因而多次被免职。公元263年，蜀汉为曹魏所灭，这时陈寿30岁。不久，他的父亲去世，在家守丧，因病调冶药丸，被责为逾礼，以致多年闲居。后来，由于司空张华的揄扬，被举为孝廉，任佐著作郎，出补平阳侯相。晋武帝泰始十年（公元274年），陈寿撰成《诸葛亮集》24篇，奏于朝廷。不久，升为著作郎（史官），同时兼领本郡中正。最后官至治书侍御史（监察官）。

陈寿早年在谯周的影响下读过不少历史，研究过写史书的方法，并有一定的写作实践。他曾据《巴蜀耆旧传》写成《益部耆旧传》十篇。太康元年(280年)，晋灭吴。全国复归统一。这时陈寿48岁，开始整理三国史事，编著大型史书《三国志》。

《三国志》是一部纪传体的三国史，全书共65卷，包括《魏书》30卷，《蜀书》15卷，《吴书》20卷。陈寿写《三国志》进行了艰苦的劳动，耗费了大量的心血。为了写《魏书》和《吴书》，他阅读了当时已有的各种有关魏、吴的历史著作，仔细加以鉴别，并在此基础上补充了大量史料。至于《蜀书》的材料则完全是由他自己采集和编次的，因为蜀国以前并未设置史官，也无人编写过蜀史。《三国志》反映了历史的真实情况，保存了很多珍贵的史料。在编写体例上把三国分为三书来写，在断代史中是一个创例。《三国志》的魏、蜀、吴三书在宋以前是独立的，到了北宋开始合为一种，才改称《三国志》。

三国时代是一个动荡变幻的时代，人物之盛，事件之多，不亚于秦汉。陈寿写《三国志》，把错综复杂的人物事件和政治斗争加以有条有理的叙述描写。《三国志》不仅是史学名著，而且也具有文学价值。后来，人们把《三国志》与《史记》、《汉书》和《后汉书》并列，合称"四史"。由《三国志》所记载的三国史事，经过后世在民间广为流传，不断增饰，到元、明时更发展为脍炙人口的《三国志评话》和《三国志演义》。由此可见，《三

我爱四川

国志》对我国民间文学影响甚大。

第四节　常　璩

　　我国是世界上掌握井盐生产技术最早的国家，是谁给我们留下这一珍贵的历史记载？我国闻名世界的古代伟大水利工程都江堰开凿于 2000 多年前的战国时代，最早对都江堰水利工程作详细记载的是什么书？是常璩的《华阳国志》。《华阳国志》是我国现存最早的地方志，经过历史长河的大浪淘沙保存至今，为我们留下了许多珍贵的历史资料，是研究我国西南地区山川、历史、人物、民俗的重要史料。在体裁上，也是众多史籍中的一种典型，被后来的史学家所借鉴。

　　《华阳国志》的作者常璩（约 291—361 年），出生在晋朝蜀郡的江原县（今四川崇庆县）。出生的年代大约在西晋惠帝初年，即公元 3 世纪末，死于东晋穆帝末年，即 4 世纪中期。他的一生，大部分是在我国历史上"五胡十六国"的"成汉"统治时代度过的。

　　常璩的家族本是江原大族，但至常璩时已经衰败，所以相对说来，他家是比较清贫的。他自小聪明好学，饱读家族中保存的大量文化史籍，成长为西蜀有数的文士。李雄建立成国后，他担任过掌管书记和文籍方面的官吏。他喜欢读书、写书，对地理和风俗特别感兴趣，所以他最早写成一些地理书。338 年，李寿夺取政权，改国号为汉。

　　东晋元和二年（346 年）桓温伐蜀，当时常璩任成汉政权的散骑常侍，他是劝李势投降东晋的主要人物之一。后来他跟随李势到了东晋首都建康，李势被封为归义侯，常璩为参军。本来常璩是拥护国家统一的，但东晋朝

<常璩塑像

廷重中原故族，轻蜀人。常璩已老，又受歧视，遂怀愤写成《华阳国志》，旨在赞誉巴蜀文化之悠远和人才济济，以反抗东晋朝廷对蜀人的轻蔑。

《华阳国志》于孝武帝宁康二年（374年）成书。本书原为10篇，《隋书·经籍志》记为12卷，讲述今四川、云南和陕西南部一带的历史、地理、人物等情况。这种体例很特殊，也是前所未有的。从时间上来看，从远古的传说一直记叙到347年桓温灭蜀，可以说《华阳国志》像一部通史。从它叙述今四川等地自古以来的割据政权情况的角度看，它又像分国史。历来一般史家都把它看作是地方史志的创始，并把它作为几百种地方史的典型代表。

《华阳国志》之所以经得起历史的考验，至今仍被人们十分重视，这

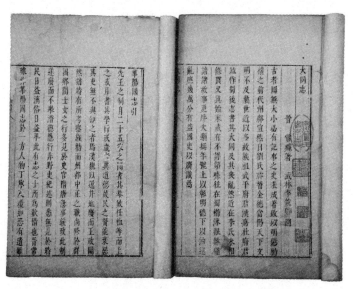

∧《华阳国志》（明刻本）

是同作者的博学卓识和材料的可靠、珍贵分不开的。《华阳国志》一方面取材于前人编著的四川地方史，另一方面取材于常璩自己整理的史料。因资料新颖可靠，叙述得法，文词典雅，而成为名闻中外、影响深远的史学巨著。

第五节　陈子昂

　　陈子昂（66l—702 年），字伯玉，梓州射洪（今四川射洪县）人。其父元敬曾任文林郎，《新唐书》说他是"富家子"。

巴山藏锦绣　蜀水铸文章

<陈子昂像

　　陈子昂少时任侠使气，"十八未知书"。但一入乡学，就慨然立志，专精攻读。几年之间，纵览经史百家，善写诗作文。21岁离蜀到京（长安），入太学。文明元年（684年），陈子昂举进士。武后欣赏他的才华，任命他为麟台正字（正字，官名，与校书郎同掌校正书籍）。长寿二年（693年），擢任右拾遗（谏官）。长寿三年曾被累受冤下狱。翌年获释，复官右拾遗，直至归隐。

　　陈子昂在为官期间，针对时弊，曾提过一些改革的建议，还写诗来指斥朝廷弊政。陈子昂曾两次从军边塞。第二次在万岁通天元年（696年）他36岁的时候，随建安王武攸宜东征，抵御契丹入侵。武攸宜昏庸怯懦无将略，陈子昂指出武攸宜"法制不主，如小儿戏"，劝他整饬军机，并自愿出战沙场。武攸宜不听，陈子昂过了数日，又进谏，武攸宜大怒，革去陈子昂参谋职务，将他降为军曹。当他满怀悲愤来到了幽州郡（今河北省）的蓟北楼（即幽州台）时，登高远眺，不禁想起了燕昭王招纳贤士的故事，满腔激愤，泫然流涕，吟出一首忧郁慷慨的悲歌：

前不见古人，后不见来者。

念天地之悠悠，独怆然而涕下。

——《登幽州台歌》

这首诗在当时广为传诵，时人莫不知。

圣历元年（698年），陈子昂以父亲年老多病，辞官还乡。射洪县令段简，贪残横暴，觊觎陈子昂家资，在武攸宜等人授意下，将他逮捕下狱，终于冤死狱中。死时年仅42岁。

初唐时期，齐梁间靡丽纤柔的诗风仍占统治地位。陈子昂继"四杰"（王勃、杨炯、卢照邻、骆宾王）之后，更坚决、更彻底地提出诗歌革新的主张。其创作实践，体现了自己的革新主张。陈子昂存诗共100多首，其中最有代表性的是《感遇》诗38首、《蓟丘览古赠卢居士藏用》7首和《登幽州台歌》。其实仅凭一首《登幽州台歌》，就足以成就一个伟大诗人，也足以让我们铭记。

第六节　薛　涛

薛涛（约770—831年），字洪度，中唐著名女诗人，原籍长安。其父薛郧宦游寓蜀，定居成都。唐自安史之乱后，中原几经战乱。而四川则相对稳定，严武、高适、岑参、元稹、刘禹锡、白居易等都曾先后到过四川，有"天下诗人皆入蜀"之称。

薛涛早年丧父，和母亲相依为命，生活极其窘困。但薛涛性敏慧，八九岁能知声律，十六岁时，诗名已遐迩皆闻，因其有姿色，通音律，工诗赋，迫于生计，遂入乐籍，成为当时著名的女诗人。

唐德宗贞元元年（785年），韦皋出任剑南西川节度使，因慕涛名，召其侑酒赋诗。但作为一个以侍人诗酒为生的乐妓，身不由己，祸福旦夕可至。数年后，薛涛因事获怨，卒被罚赴松州。由朱门到边城，是薛涛生活中一大转变，也是她一生中接触社会底层的唯一尝试，这对她后来的思想和创作有很大影响。当时专横跋扈的韦皋也可能因怜其情，惜其才，从而宽释了她。薛涛遭此沉重打击，返回成都后即脱离乐籍，隐居西郊浣花溪畔，决心与骄奢侈靡、纸醉金迷的生活一刀两断。元和四年（809年），著名诗人元稹拜监察御史，奉使东川。因爱慕薛涛之名，两人相聚于梓州。薛涛与元稹一见如故，相见恨晚，共同赋诗吟词，铸就一段文坛佳话。可惜好景不长，数月后元稹移务洛阳，从此天涯两分。薛涛悒郁寡欢，终身未嫁。

薛涛的诗，以清词丽句见长，还有一些具有思想深度的关怀现实的作品，在封建时代妇女中不可多得。薛涛诗，从形式看，有五绝、五律、六言、

∧望江楼公园薛涛井

我爱四川

杂言、七绝、七律等六类，其中多数都是绝句；从内容上看，可分为抒情、唱和两大类。薛涛唱和之作很多，和当时著名诗人元稹、白居易、刘禹锡、杜牧等人都有唱酬交往。薛涛作品的正式集子叫《锦江集》，共 5 卷，元朝时已失传。现存最早的专集是明朗万历年间刻的《薛涛诗》一卷，仅有诗 85 首。薛涛不仅是一位女诗人，也是一位女书法家，笔力峻激，颇得王羲之法，真迹现在皆佚。薛涛在浣花溪采用木芙蓉皮作原料，加入芙蓉花汁，制成深红色精美的小彩笺，在上写己所作诗。此笺在当时及后世极为流传，因为薛涛所发明，所以称为薛涛笺。

身世凄凉，却并未沉沦，薛涛是我国古代文学史上屈指可数的著名女作家之一。

第七节　苏　轼

苏轼（1037—1101 年），字子瞻，号"东坡居士"，世称"苏东坡"，眉州（今四川眉山县）人，北宋著名散文家、书画家、文学家、词人、诗人，是豪放派词人的主要代表。他和父亲苏洵、弟弟苏辙合称唐宋八大家之"三苏"。苏轼是我国古代一位卓越超群、博学多才的大文豪，同时也是一位爱国恤民、享誉民间的政治家。

苏轼出身书香门第，父亲苏洵即《三字经》里提到的"二十七，始发愤"的"苏老泉"，母亲程氏知书达礼。苏轼在学业上和为人处世上都受到父母的良好教育。

1056 年（嘉祐元年），苏轼首次出川赴京，参加朝廷的科举考试。翌年，他参加了礼部的考试，以一篇《刑赏忠厚之至论》获得主考官欧阳修

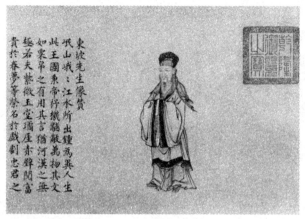

<苏轼像赞

的赏识，名列第二。1061 年（嘉祐六年），苏轼应中制科考试，即通常所谓的"三年京察"，入第三等，为"百年第一"，授大理评事、签书凤翔府判官。后逢其母于汴京病故，丁忧扶丧归里。1069 年(熙宁二年)服满还朝，仍授本职。他入朝为官之时，正是北宋开始出现政治危机的时候，繁荣的背后隐藏着危机。此时神宗即位，任用王安石支持变法。苏轼因在返京途中见到新法对普通老百姓的损害，又因其政治思想保守，很不同意参知政事王安石的做法，便上书反对，结果不容于朝廷。苏轼自求外放，调任杭州通判。苏轼在杭州待了 3 年，任满后，被调往密州（山东诸城）、徐州、湖州等地，任知州县令。政绩显赫，深得民心。

这样持续了大概十年，苏轼遭遇"乌台诗案"。即当时有人（李定等人）故意把他的诗句扭曲，以讽刺新法为名大做文章。苏轼因诗入狱，坐牢 103 天，几次濒临被砍头的境地。最终总算躲过一劫。出狱以后，苏轼被降职为黄州（今湖北黄冈市）团练副使，到任后心情郁闷，曾多次到黄州城外的赤壁山游览，写下了《赤壁赋》、《后赤壁赋》和《念奴娇·赤壁怀古》等千古名作，以此来寄托他谪居时的思想感情。他于公务之余便带领家人开垦城东的一块坡地，种田帮补生计。"东坡居士"的别号便是他在这时起的。

1085 年，神宗驾崩，年幼哲宗即位，高太后听政，以王安石为首新党被打压。不久，苏轼以礼部郎中被召还朝，迅即升翰林学士知制诰（为皇帝起草诏书的秘书，三品），知礼部贡举。当苏轼看到新兴势力拼命压制王安石集团的人物及尽废新法后，认为其与所谓"王党"不过是一丘之貉，对其执政后暴露出的腐败现象进行了抨击。至此苏轼既不能容于新党，又不能见谅于旧党，因而再度自求外调。他以龙图阁学士的身份，再次回到阔别 16 年的杭州当太守。苏轼在杭州赈饥施药，兴修水利，政绩斐然，留下了不少同西湖风光相媲美的佳话，著名的"苏堤"即是他在杭州时所修建。在杭州期间，苏轼心情舒畅，写有著名的《饮湖上初晴后雨》，在描写西湖的古诗中无人超越。

1091 年（元祐 6 年），苏轼被召回朝，不久又因为政见不合，外放颍州。1093 年（元祐 8 年）高太后去世，哲宗执政，新党再度执政，第二年 6 月，迁为宁远军节度副使，再次被贬至惠阳（今广东惠州市）。1097 年，苏轼又被贬至更远的海南，当时放逐海南是仅比满门抄斩罪轻一等的处罚。后徽宗即位，调廉州安置、舒州团练副使、永州安置。1101 年（元符三年）大赦，复任朝奉郎，但于北归途中卒于常州（今属江苏），享年 64 岁，御赐谥号文忠（公）。后葬于汝州郏城县（今河南郏县）。

∧苏轼手迹《黄州寒食帖》

　　　　　　　　　　　　　　巴山藏锦绣 蜀水铸文章

苏轼虽然满腹经纶，但一生宦海沉浮，未能施展其政治抱负。也许，正因为政治失意，苏轼才有机会广泛接触民众，为他在文学上的巨大成就提供了坚实的生活基础，使他成为家喻户晓的杰出文豪。在才俊辈出的宋代，苏轼无论是在诗、词、赋、文，还是在书法、绘画等文艺领域，均取得了登峰造极的成就。

苏轼的诗现存约2700余首，广泛地描写了北宋后期的社会生活，为我们展现出一幅幅琳琅满目、美不胜收的艺术画卷。其诗中有"竹外桃花三两枝，春江水暖鸭先知"的明丽画面，有"若把西湖比西子，浓妆淡抹总相宜"的恰当比喻，更有"人生到处知何似？恰似飞鸿踏雪泥"的凝练的人生概括……其诗内容广阔，风格多样，而以豪放为主，笔力纵横，穷极变幻，为宋诗发展开辟了新的道路。

苏轼在词方面的成就更超过了他的诗歌，有开路拓疆之功，开豪放派先河。苏轼留下340多首词，那首脍炙人口的《念奴娇·赤壁怀古》就是其代表作："大江东去，浪淘尽、千古风流人物……"何等豪放刚健！而苏轼为发妻王弗写的《江城子·记梦》却是另一番景象："十年生死两茫茫，不思量，自难忘。"又是何等凄凉悲哀，情真意挚！被誉为悼亡词千古第一。

苏轼不仅在文学艺术的各个领域全面发展，卓有建树，而且在社会生活、自然科学的许多方面，都是一位罕见的博洽多闻的高手，如他长于水利（疏浚西湖的"苏堤"至今仍是苏杭名胜）、精于医道（有《苏（轼）沈（括）良方》传世），还深谙美食养生（"东坡鱼"、"东坡肉"至今让人回味悠长）。虽一生屡遭磨难，但苏轼心态乐观，是生活中的幽默大师，他和佛印、苏小妹互相戏谑的典故至今仍令人捧腹。

第八节　李 焘

李焘（1115年—1184年），字仁甫，一字子真，号巽岩，眉州丹棱（今四川省眉山市丹棱县）人，是我国南宋时代一位大学问家、大史学家，留存下来的最重要的著作是《续资治通鉴长编》。

李焘是唐朝宗室曹王的后代，他的父亲李中是北宋末年一个中等地方官。他的家庭有文化传统，有丰富的藏书，父辈又熟悉当朝的典故，所以李焘从小就受到良好的文化教育，为他以后学术上的巨大成就打下了坚实的基础。

李焘24岁考中进士，此后在四川、湖北等地当了20多年地方官，如华阳主簿、雅州推官、双流知事、荣州知州、潼川府路转运判官、湖北转运副使等等，所在均有政绩，也算得上是封建社会一个廉洁的官员。李焘后半生主要在中央政府任职，先后担任过兵部员外郎兼礼部郎中、秘书少监兼起居舍人、实录院检讨官、敷文阁待制、敷文阁学士等。这期间，虽然也到地方当过官，如江西运副、常德知府、遂宁知府等，但时间都不长。他在中央的职务，主要还是史官。作为中央官吏，李焘直言善谏，秉性刚直。

李焘生长在北宋末南宋初。这是一个阶级矛盾和民族矛盾都很复杂尖锐的时代。北宋统治阶级的日益腐朽，女真族政权的不断南侵，人民的痛苦和反抗斗争，直至北宋的灭亡，南宋的偏安，他都耳闻目睹，感怀于心。青年时代他就立志从事史学工作，20岁时，出于对女真贵族的仇恨，他就写成"救时大务"的《反正议》14篇。特别是撰写《续资治通鉴长编》这部著作，他几乎耗尽了毕生精力。

他在进书状中说："臣网罗收拾，垂四十年"，"精力几尽此书。"开始搜集资料着手准备本书，大约在他30岁左右，即在担任华阳主簿的时候。本书最后完成是在淳熙十年（1183年），此后不久便与世长辞，年70岁。李焘为什么几乎以毕生精力治史？这也是出于他的忠君爱国思想，像《资治通鉴》一样，把历史作为一面镜子，向统治阶级提供借鉴。所以他最初把这本书取名《续资治通鉴》，出于自谦，后来他又才把书名定为《续资治通鉴长编》。为什么叫"长编"呢？就是先辑录有关历史资料，依次排列，加以考订，然后删定成书，这种体裁的史书就称为"长编体"。

《续资治通鉴长编》记叙了从宋太祖赵匡胤起，直至宋徽宗、宋钦宗"一祖八宗之事"，也就是整个北宋的历史，时间虽不长，但篇幅十分浩大，全书共978卷，另有总目5卷，内容十分丰富，是研究北宋史十分珍贵的材料。史料丰富是《续资治通鉴长编》的一大特色。从事编写时，李焘为自己定下一个原则："宁失之繁，无失之略。"从《续资治通鉴长编》看，主要取材于宋代的实录。但他还旁征博引，对经史子集，笔记小说，家乘志状都加以采录。据不完全统计，全书引用的著作有名可考者就约有400种左右。司马光靠集体的力量编纂完成了极有价值的编年史巨著《资治通鉴》，而李焘凭自己的辛劳完成了《续资治通鉴长编》的著作。而且从时间上说，它刚好同《资治通鉴》前后衔接。这部书,用当时人叶适的话来说："《春秋》以后才有此书。"可见评价甚高。

在编著《续资治通鉴长编》时，李焘还自创了一种科学的方法。据周密《癸辛杂识》记载："焘为《长编》，以木厨十枚，每厨抽替（即"抽屉"）匣20枚。每替以甲子志之，凡本年之事，有所闻，必归此匣，分日月先后次第之，井然有条。"这种方法同我们今天抄录卡片然后分类整理是很相似的。

作为大学问家的李焘，具有多方面的科学文化知识。他不但精通诗文、历史、典章制度，而且还具有天文、历算等方面的丰富知识。他一生著述颇丰，大约有40多种，但大多失佚。

《宋史·本传》说李焘性刚大，特立独行。早著书，桧尚当路，桧死始闻于朝。暨在从列，每正色以订国论。有人说他如霜松雪柏，无嗜好，无姬妾，不殖产，平生生死文字间……对李焘的一生算是一个公允的评价。

第九节　岳钟琪

在清代汉族大臣中，能封公爵、拜大将军、统领满洲士卒的，只有岳钟琪，清高宗（乾隆）称赞他是历仕康、雍、乾三朝的"武臣巨擘"。

岳钟琪（1686—1754年），字东美，号容斋，四川成都人。岳钟琪为民族英雄岳飞的第21世嫡孙、岳飞三子岳霖系后裔，其父岳升龙在任千总时，吴三桂发动"三藩之乱"，遣使招降，他毅然拒绝。其爱国行动受到朝廷的奖励，擢升至四川提督。

岳钟琪自幼便受到父亲的熏陶，兼习文武。他仰慕汉代的班超、终军，希望能像他们一样投笔从戎、请缨杀敌，立功边疆。可是，当他青年时代入仕后，却任了文官——同知官（知府的副职、正五品）。当时正是国家多事之秋，准噶尔部贵族在西北策动叛乱，进行分裂祖国的罪恶活动。岳钟琪目睹时艰，特请求改任武职。朝廷任命他为四川永宁协副将。

噶尔丹死后，继任准噶尔汗王的策妄阿拉布坦和噶尔丹策零继续投靠沙俄，进行分裂、叛乱活动。策妄阿拉布坦竟于康熙五十八年（1719年）派兵侵入西藏，袭杀了拉藏汗。清廷命定西将军噶尔弼统兵入藏平乱，以岳钟琪为前锋。岳钟琪疾驰至察木多，挑选通西藏语言的军士30多人，扮作藏民，袭击准噶尔密使驻地，斩数人。受准噶尔裹胁的藏官纷纷请降。岳钟琪传布檄文，告诫从逆者，速与准噶尔脱离关系，归顺朝廷。数日之

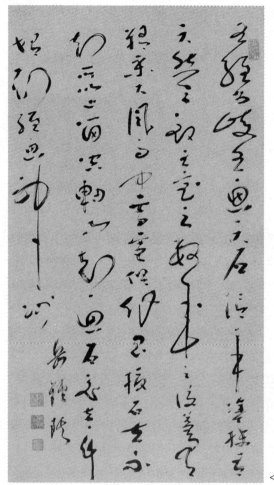

＜岳钟琪手迹

间，来归者达 2000 余人。清朝大兵直逼拉萨，准噶尔将领策凌敦多布败走，擒获喇嘛为内应者 400 余人，将其中为首者 5 名处死。清军入藏为西藏僧俗人民解除了毁灭黄教、荼毒生灵的苦难，使他们重见天日。岳钟琪在这次战役中崭露头角，立下功勋。师还，擢升为四川提督，赐戴孔雀翎。

我爱四川

策妄阿拉布坦在入侵西藏的同时，又唆使青海厄鲁特蒙古和硕特部头子罗卜藏丹津叛乱，严重威胁清朝在青海地区的统治。清廷于雍正元年十月派川陕总督年羹尧、四川提督岳钟琪率大军平叛，得到青海僧俗人民的支持和拥护。雍正二年元月，岳钟琪猛攻郭隆寺，歼灭叛乱分子六千余人。2月，又出奇计以精兵五千日夜兼程捣敌不备，一昼夜驰 300 里，追至其地。罗卜藏丹津男扮女装只身逃入准噶尔。清军俘获其母及弟妹（罗卜藏丹津于乾隆二十年在伊犁被捉），招降叛军数万，以迅雷不及掩耳之势讨平青海叛乱。此后，清廷设办事大臣于西宁，改西宁卫为府城，加强了对青海的治理。岳钟琪自出师至破敌，凡 15 日，往返途中约两月，无愧"神勇"。雍正帝封岳钟琪三等公，赐黄带（清制，宗室始配黄带，赐臣僚黄带为殊荣）。雍正三年，岳钟琪为川陕总督，节制川、陕、甘肃三省劲兵。

雍正五年（1727 年）策妄阿拉布坦死去，其子噶尔丹策零为准噶尔汗，在沙俄的支持下继续进行叛乱。雍正兴师追讨，乃命傅尔丹为靖远大将军，统北路军，屯阿尔泰山；岳钟琪为宁远大将军，统西路军，屯巴里坤。约期会师伊犁，捣穴犁庭。岳钟琪所部驻军，似倚天宝剑，扼阻了噶尔丹策零的兵锋。傅尔丹恃勇轻敌被击败。北路军一败涂地，西路军给敌重创，有功于国。但是，"名满天下，谤亦随之"，再加上满汉矛盾，一部分大臣竟上书攻击岳钟琪。联想到几年前在成都就有"岳钟琪反"的谣传，雍正帝于雍正十年召之还京师，岳钟琪蒙冤下狱。

雍正帝死后，乾隆二年（1737 年）岳钟琪赦归，回成都结庐村居。岳钟琪一颗忧国之心，仍思报效朝廷。不久，大小金川土司莎罗奔公开叛乱，清廷用兵大小金川，乾隆派大学士傅恒为经略，起用岳钟琪以提督衔随军从征。

岳钟琪公忠体国，不计个人委曲，以 60 多岁的高龄策马雪岭荒谷中，从而使战局发生了根本变化。莎罗奔溃败乞降，头顶佛经立誓"悉听约束"，归还被其侵占的几个土司的土地，照例"供徭役"。乾隆帝奖谕岳钟琪，加太子少保，复封三等公，赐号"威信"。乾隆命画师将岳钟琪貂皮袍褂

　　　　　　　　　　　　　　　巴山藏锦绣　蜀水铸文章

的全身像画于南书房，并御制诗一首相赐。

乾隆十九年（1754年），岳钟琪卒于军中，终年69岁。赐祭葬，谥"襄勤"。

岳钟琪一生戎马，平西藏，定青海，抗击新疆准噶尔部的分裂反叛，镇戍边疆，功勋卓著，为维护国家统一、稳定西部、开拓西部做出了重大贡献。此外，岳钟琪精书法、工诗词，有《容斋诗集》传世，边塞诸作，多慷慨悲歌之气。名将能诗，不可多得，岳武穆后，又见钟琪！

第十节　张船山

张船山（1764—1814年）名问陶，字仲冶，四川遂宁人。因故乡四川遂宁城郊有一座孤绝秀美的小山，形如船，便自号船山，也称"老船"；因貌似猿，亦自号"蜀山老猿"。其诗被誉为清代"蜀中之冠"。

＜张船山像

我爱四川

张船山的高祖张鹏翮，系康熙朝名臣，为官清廉。船山幼年家境贫寒，在遂宁的住房都是租赁的，在他15岁时，全家又迁徙寄住汉阳。张船山自幼聪颖过人，在厄运面前并没有心灰意冷，没钱购书就到处借书来抄读，并不断地写作，积极准备应试。从21岁开始，张船山三赴京师应试，行程万里。1790年中进士，寻授翰林院检讨。从此，开始了他20多年的仕宦生活。

张船山20年间，没有大的升迁，较长时间职任翰林院检讨。翰林院是清冷官署，检讨是从七品官，薪俸不丰。他家境又很困难，到后来连仅有的奴仆也相继告假辞去。他承袭了古代文人的习性，在恶运沓至之时，只好放纵诗酒，求得解脱。表面上张船山放浪形骸，内心却异常寂寞，他怀念乡村、意存退隐。

嘉庆十五年（1810年）七月，他出任山东莱州知府。到任之后，他清理积案，访察民隐，巡回潍县、昌邑、平度、高密、掖县等县，考试童生，奖掖后进。为官清正廉明，深得民心。其断案所下判词，简切透辟，后人奉为典范，曾多次编选印行。但因洁身自爱，不事趋奉，仅一年，便因病罢免。行前，他系念莱州近年歉收，民有饥馑，便将己之历年积蓄捐谷七百石赈济七邑饥民。

诗人忧患余生，竟积劳成疾。在他流离吴门不久，卒于客舍，终年50岁。

张船山有诗4000首以上，经删存见于20卷《船山诗草》的计有2270首。由于家境贫寒，长期飘零，所以他能接触到民不聊生的社会矛盾，写下了一些同情劳动人民的诗作，而对蝇营狗苟的官吏，给以沉痛的鞭挞。

张船山是诗、书、画三绝奇才，当时名震海内、群相敛手。他在清代诗史上占有重要地位，不仅是清代蜀中诗冠，也是清代乾嘉诗坛大家，一代诗宗，是清代第一流的诗人和著名诗学理论家，是性灵派后期的主将和代表人物。成都盐茶道林儁（号西厓）爱慕其文才，将其女林韵徵（名颀，号佩环）许配于他，乾隆五十二年（1787年）9月，在盐茶道署成婚，其家里因此出现了世界诗坛罕见的"三兄弟三妯娌诗人"，即张问陶及其兄问安、弟问莱、嫂陈慧姝、妻林韵徵、弟妇杨古雪均是诗人。

　　生活在 18、19 世纪之交的张船山，恰好处于整个封建王朝的夕阳残照时期，处境艰难，内心体会到深刻的幻灭感。他把墨汁和胆汁混合，轻轻一抹，给那个感伤的时代画上了苍凉的休止符。

第六章

天下山水在于蜀

　　四川旅游资源极为丰富，历来有"天下山水在于蜀"之说，并有"峨眉天下秀，九寨天下奇，剑门天下险，青城天下幽"之誉。古代，连绵的大山阻碍了蜀人和外界的交通，如今，四川省境内公路通车里程居全国之首，铁路运营里程居全国第五位，内河通航河流99条，通航里程8750公里，辟有空运航线50多条。"蜀道难"早已成为遥远的历史。

八 九寨沟

第一节　东方伊甸园——成都

一、武侯祠

诗人杜甫有诗云："丞相祠堂何处寻？锦官城外柏森森。"诗中的"丞相祠堂"即指成都武侯祠。它是纪念三国时期蜀国丞相诸葛亮的祠堂。武侯祠位于成都市南门武侯祠大街，是中国唯一的君臣合祀祠庙，由刘备、诸葛亮蜀汉君臣合祀祠宇及惠陵组成。从杜甫的诗来推断，武侯祠（指诸

武侯祠 >

天下山水在于蜀

葛亮的专祠）应该建成于唐以前。千百年来几经毁损，屡有变迁。今天的武侯祠，是清朝康熙十一年（1672 年）在旧址上重建的，融刘备庙、武侯祠及刘备惠陵为一体，形成祠庙合一、君臣合祀的祭祀风格。

走进匾额为"汉昭烈庙"的大门，浓荫丛中矗立着六通石碑，两侧各有一碑廊。其中最大的一通在东侧碑廊内，唐代"蜀汉丞相诸葛武侯祠堂碑"，唐宪宗元和四年（公元 809 年）立，唐朝著名宰相裴度撰碑文、书法家柳公绰（柳公权之兄）书写、名匠鲁建刻字，因文章、书法、刻技俱精被称为"三绝碑"。此为国家一级文物。碑文对诸葛亮作了重点褒评，竭力赞颂诸葛亮"鞠躬尽瘁，死而后已"的一生。

二门之后是刘备殿。正中有刘备贴金塑像，左侧陪祀的是他的孙子刘谌。据说，他的儿子蜀汉后主刘禅由于昏庸无能，不能守基业，他的像在宋、明两代几次被毁，后来就没有再塑。两侧偏殿，东有关羽父子和周仓塑像，西有张飞祖孙三代塑像。

刘备殿后，下数节台阶（武侯祠低于汉昭烈庙，象征古代君臣关系），是一座过厅，挂有"武侯祠"匾额。诸葛亮殿悬"名垂宇宙"匾额。正殿中供奉着诸葛亮祖孙三代的塑像。殿内正中有诸葛亮头戴纶巾、手执羽扇

<武侯祠

我爱四川

的贴金塑像。像前的三面铜鼓相传是诸葛亮带兵南征时制作，人称"诸葛鼓"。鼓上有精致的图案花纹，为珍贵的历史文物。

诸葛亮殿西侧是刘备墓，史称"惠陵"。由诸葛亮亲选宝地，葬刘备于此。陵墓中还合葬有刘备的甘、吴二位夫人。墓前有清乾隆年间所立"汉昭烈皇帝之陵"石碑。

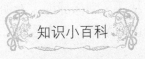

知识小百科

武侯祠的楹联

武侯祠内保留了大量的楹联，蕴含丰富的文化内涵，使人流连吟赏，触引情思，汲取教益。其中最广为人知的是清人赵藩撰写的那副楹联，此联可谓创作手法别具一格，联语内涵深刻，得到了治世名联的美誉。联曰：

能攻心，则反侧自消，从古知兵非好战；

不审势，即宽严皆误，后来治蜀要深思。

此联由清末四川盐茶使赵藩撰写。赵藩为近代史上著名的学者、诗人和书法家。作者联想丰富，文采非凡，全联在歌颂诸葛亮文韬武略的同时，恰到好处地提出了对治世的深思。上联从"能攻心"入手，描述了攻心所产生的效果，阐述了自古兵家用兵最根本的目的，即"非好战"。下联从"不审势"起笔，阐明了不论政策的宽与严，不审时度势的后果，深刻提出了后来治蜀者要深思的告诫。

二、杜甫草堂

杜甫草堂（成都杜甫草堂博物馆）位于成都市西门外的浣花溪畔，是唐代诗人杜甫流寓成都时的故居。杜甫诗"万里桥西宅，百花潭北庄"中提到的便是成都草堂。杜甫草堂是杜甫故居、纪念祠堂与园林景观合而为一的川西民居建筑群。

草堂完整保留着清代嘉庆重建时的格局，总面积近 300 亩。园林是非常独特的"混合式"中国古典园林。博物馆按功能区分为：文物景点游览区（草堂旧址）、园林景点游览区（梅园）和服务区（草堂寺）。草堂旧址内，照壁、正门、大廨、诗史堂、柴门、工部祠排列在一条中轴线上，两旁配以对称的回廊与其它附属建筑，其间有流水萦回，小桥勾连，竹树掩映，显得既庄严肃穆、古朴典雅而又幽深静谧、秀丽清朗。工部祠东侧是"少陵草堂"碑亭，象征着杜甫的茅屋，令人遐想，已成为杜甫草堂的标志性景点和成都的著名景观。

唐代遗址陈列馆位于草堂东北面。2001 年底，在草堂内发掘出大面积的唐代生活遗址和一批唐代文物，极大地丰富了杜甫草堂的历史文化内涵，印证了杜甫当年对居住环境及生活情景的描写，澄清了古今草堂寺位置之争，增加了杜甫草堂的历史厚重感，而且为这块圣地增添了新的光彩。

<杜甫草堂

我爱四川

三、都江堰

都江堰坐落在成都平原西部的岷江上，位于四川省都江堰市城西。都江堰水利工程是由秦国蜀郡太守李冰及其子率众于公元前 256 年左右修建的，是全世界迄今为止年代最久、唯一留存、以无坝引水为特征的宏大水利工程。其最伟大之处是建堰两千多年来经久不衰，而且发挥着愈来愈大的效益，使成都平原成了"水旱从人，不知饥馑"的沃土。都江堰渠首枢纽主要由鱼嘴、飞沙堰、宝瓶口三大主体工程构成。

鱼嘴：鱼嘴分水堤又称"鱼嘴"，是都江堰的分水工程，因其形如鱼嘴而得名。它昂头于岷江江心，包括百丈堤、杩槎、金刚堤等一整套相互配合的设施。其主要作用是把汹涌的岷江分成内外二江：西边叫外江，俗称"金马河"，是岷江正流，主要用于排洪；东边沿山脚的叫内江，是人工引水渠道，主要用于灌溉。

飞沙堰：飞沙堰溢洪道又称"泄洪道"，具有泻洪、排沙和调节水量的显著功能，是都江堰三大件之一，是确保成都平原不受水灾的关键要害。

宝瓶口：是玉垒山伸向岷江的长脊上凿开的一个口子，它是人工凿成控制内江进水的咽喉，因它形似瓶口而功能奇持，故名宝瓶口。留在宝瓶口右边的山丘，因与其山体相离，故名离堆。由于宝瓶口自然景观瑰丽，有"离堆锁峡"之称，属历史上著名的"灌阳十景"之一。

都江堰不仅是举世闻名的中国古代水利工程，也是著名的风景名胜区。都江堰附近景色秀丽，文物古迹众多，主要有伏龙观、二王庙、安澜桥、玉垒关、离堆公园等景点。

天下山水在于蜀

∧ 都江堰

四、青城山

　　青城山为中国道教发源地之一，属道教名山。它位于四川省都江堰市西南，古称"丈人山"，东距成都市68公里，处于都江堰水利工程西南10公里处。其主峰老霄顶海拔1600米，在四川名山中，与剑门之险、峨嵋之秀、夔门之雄齐名，有"青城天下幽"之美誉。青城山是中国著名的历史名山和国家重点风景名胜区，并于2000年同都江堰共同作为一项世界文化遗产，被列入世界遗产名录。

<青城山

我爱四川

全山林木青翠，四季常青，诸峰环峙，状若城廓，故名青城山。自古以来，人们以"幽"字来概括青城山的特色。青城山空翠四合，峰峦、溪谷、宫观皆掩映于繁茂苍翠的林木之中。道观亭阁取材自然，不假雕饰，与山林岩泉融为一体，体现出道家崇尚朴素自然的风格。堪称青城山特色的还有日出、云海、圣灯三大自然奇观。其中圣灯（又称神灯）尤为奇特。青城四绝是"洞天贡茶"、"白果炖鸡"、"青城泡菜"、"洞天乳酒"。

青城山分前、后山。前山是青城山风景名胜区的主体部分，约15平方公里，景色优美，文物古迹众多，主要景点有建福宫、天然图画、天师洞、朝阳洞、祖师殿、上清宫等；后山总面积100平方公里，水秀、林幽、山雄，高不可攀，直上而去，冬天寒气逼人、夏天凉爽无比，蔚为奇观，主要景点有金壁天仓、圣母洞、山泉雾潭、白云群洞、天桥奇景等。

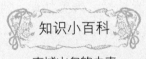

知识小百科

青城山名的由来

青城山古名天仓山。唐开元十八年（730年）更为现名。相传轩辕黄帝遍历五岳，封青城山为"五岳丈人"，故又名为丈人山。

名为青城山，有两种说法，一种是青城山林木青翠，终年常绿，诸峰环绕，状若城廓，故为"青城"山。另一种说法是青城山原名为"清城山"，因古代神话说"清都、紫薇、天帝所居"故名"清城"，唐代时佛教发展迅速，佛教和道教在山上发生地盘之争，官司打到皇帝那儿，唐玄宗信道，亲自下诏判定"观还道家，寺依山外"，然而诏书将"清城"写成了"青城"，所以改称青城山。

　　　　　　　　　　　　　　　　　　　　　　天下山水在于蜀

五、西岭雪山

　　西岭雪山，为成都市大邑县境内著名景区，总面积 483 平方公里。区内有茫茫的原始林海，险峻的悬崖绝壁，数不尽的奇花异草，罕见的珍禽异兽，终年不断的激流飞瀑，云海、日出、森林佛光、阴阳界、日照金山等变化莫测的高山气象景观，是中国级风景名胜区。它拥有中国规模最大、设施最好的大型高山滑雪场，被誉为"东方的阿尔卑斯滑雪场"。

　　西岭雪山原始森林覆盖率达 90%，四季可游：春看百花，夏观群瀑，秋赏红叶，冬弄冰雪。尤以高山垂直分布的四季风光最具吸引力。景区内最高峰庙基岭海拔 5364 米，是成都第一峰，矗立天际，终年积雪。在阳光照射下，洁白晶莹，银光灿烂，秀美壮观。唐代大诗人杜甫盛赞此景，写下了"窗含西岭千秋雪，门泊东吴万里船"的绝句。西岭雪山也因此得名。

< 西岭雪山

我爱四川

第二节　泸沽湖畔——神秘的女儿国

　　泸沽湖古称"鲁窟海子"，俗称"亮海"，位于四川省凉山彝族自治州盐源县与云南省丽江市宁蒗彝族自治县之间，为四川云南界湖，素有"高原明珠"之称。四川约占总面积的2/3，云南占总面积的1/3。湖中散布着5个全岛、3个半岛和1个海堤连岛，形态各异，翠绿如玉，远看象一只只绿色的船，飘浮在湖面。其中，宁蒗一侧的黑瓦吾岛、里无比岛和里格岛，成为湖中最具观赏和游览价值的三个景点，被誉为"蓬莱三岛"。位于湖心的黑瓦吾岛又被称为"酋长岛"，因为清光绪年间永宁土司阿云山曾在此岛建水上行宫而得名。

　　当地人称泸沽湖为"谢纳咪"，意为大海、母湖，是四川的第一大天然淡水湖，被誉为"高原明珠"。摩梭少女的风姿，独木轻舟的典雅，此起彼伏的渔歌，堪称"湖上三绝"。湖的西北面，雄伟壮丽的格姆山巍然矗立，这即是摩梭人为之崇拜而人格化的格姆女神。泸沽湖四周青山环抱，湖岸曲折多湾，无数大大小小冲积而成的扇形沙滩，为游人提供了休息游玩的天然处所。

　　泸沽湖畔居住着众多民族，以纳西族摩梭人为主。摩梭人至今仍然保留着母系氏族婚姻制度，奉行"男不娶，女不嫁"的"走婚"习俗。家家之主，皆为女性，其家庭成员血缘，均为母系血统。如家庭成员中，祖辈只有外祖母及其兄弟姐妹，母辈只有母亲，舅舅和姨母。

　　泸沽湖将自然景观和人文景观融为一体，尤其是以摩梭人独特的文化和民族风俗使其具有独特而丰富的内涵，在全国乃至全球都是不可替代的

< 泸沽湖

世界文化遗产。那醉人的湖光山色，古老原始而又神秘的的民族风情，原始的宗教文化，如痴如醉的歌舞之乡，是旅游者的天堂。

第三节　自贡恐龙博物馆

　　自贡恐龙博物馆位于四川省自贡市的东北部，距市中心 9 公里，是在世界著名的"大山铺恐龙化石群遗址"上就地兴建的一座大型遗址类博物馆。是中国继半坡遗址和秦始皇兵马俑坑之后，又一大型现场博物馆，也是我国第一座专门性恐龙博物馆。在世界上与美国国立恐龙公园、加拿大恐龙公园齐名，合称为世界三大恐龙博物馆，被誉为"东方龙宫"。

　　博物馆占地面积 2.5 万多平方米，建筑面积 6000 多平方米，馆藏化石标本几乎囊括了距今 2.05—1.35 亿年前侏罗纪时期所有已知恐龙种类，是世界上收藏和展示侏罗纪恐龙化石最多的地方之一。被美国《全球地理杂志》评价为"世界上最好的恐龙博物馆"。

　　自贡恐龙博物馆 1984 年兴建，1986 年主体完工试展，1987 年春节正式开放。博物馆主馆建筑以"洪荒时代，一堆化石"为构思基调，巨石形体为造型基础，远眺如同一座巨型"岩窟"，俯视又恰似一具侧卧着的大恐龙，宁静而有动感。主体馆舍内设有化石埋藏馆、中央大厅、化石装架陈列馆、报告厅和恐龙生态环境厅。恐龙埋藏遗址有 1900 平方米，可见到多种恐龙的骨骼错落交织，分布在近水平状延伸的砂岩层中，是巨大恐龙墓地的缩影。在装架馆内，有近 10 米高的"天府峨眉龙"和多具恐龙的复原骨架组合，以及古脊椎动物化石标本。馆舍外形用天然砂岩石块堆垒而成，使整个建筑与恐龙发掘现场相协调，立意新颖，造型独特，引人入胜。

　　除主馆外，"龙宫"的其它配套设施都一如主馆的巨石体造型，外砌棱角分明的砂岩条石，它们与主馆互为映衬，形成众星捧月之势。

　　2002 年兴建并投入使用的游客中心，是恐龙博物馆的又一标志性建筑。

自贡恐龙博物馆>

它在外观造型上酷似一具巨大的恐龙，形象生动，气派大方，不失为个性突出、特色鲜明的样板工程。

第四节 我国最大的"绿竹公园"——蜀南竹海

翠甲天下的蜀南竹海，位于四川南部的宜宾市境内，幅员面积120平方公里，核心景区44平方公里。景区内共有竹子58种，7万余亩，是我国最大的集山水、溶洞、湖泊、瀑布于一体，兼有历史悠久的人文景观的最大原始"绿竹公园"；植被覆盖率达87%，为我国空气负离子含量极高的天然氧吧。

从宜宾乘车向东南行68公里，就到了蜀南竹海的西大门长宁县，从这里开始进入景区。一望无际的竹子连川连岭，整整覆盖了500多座山丘、27条峻岭、500多座峰峦，逶迤苍莽，犹如烟波浩淼的绿色海洋，故名"竹海"。竹海有景点124个，其中一级景点15个，二级景点19个。竹海素以雄、险、幽、峻、秀著名，其中天皇寺，天宝寨、仙寓洞、青龙湖、七彩飞瀑、古战场、观云亭、翡翠长廊、茶化山、花溪十三桥等景观被称为"竹海十佳"。

翡翠长廊：位于竹海竹林深处，是蜀南竹海的胜景。翡翠长廊的路面是由当地的天然红色砂石铺成。两旁密集的老竹新篁拱列，遮天蔽日，红色地毯式的公路与绿色屏封的楠竹交相辉映，加之这里的道路时起时伏，顶上两旁的修竹争向内倾，几乎拱合，长廊就更加显得幽深秀丽，从而成为蜀南竹海最具特色的标志性景观。

仙寓洞：蜀南竹海是川南有名的佛教胜地，古刹梵庙，石窟寺观错落于竹海之中。仙寓洞位于蜀南竹海南部仙寓洞景区擦耳岩陡崖之中，因自

我爱四川

154

然景观和人文景观极佳被誉为"竹海明珠"。仙寓洞又是一个依山靠岩建造的石窟寺庙，这里最早是一个道观，后来佛教兴盛，宋朝以后，相继建了观音殿、老君殿等活动场所。仙寓洞实际上是一个佛教和道教共同存在的宗教活动场所。这里也是观赏竹海的好地方。

蜀南竹海原名"万岭箐"。据传北宋著名诗人黄庭坚到此游玩，见此翠竹海洋，连连赞叹："壮哉，竹波万里，峨眉姐妹耳！"即持扫帚为笔，在黄伞石上书"万岭箐"三字，因而得名。

∧蜀南竹海

　　　　　　　　　　　　　　　　　　天下山水在于蜀

第五节 风光旖旎的佛教文化圣地

一、峨眉天下秀

峨眉山位于四川峨眉山市境内，景区面积 154 平方公里，最高峰万佛顶海拔 3099 米。地势陡峭，风景秀丽，有"秀甲天下"之美誉。它是中国四大佛教名山之一，有寺庙约 26 座，重要的有八大寺庙，佛事频繁。1996 年 12 月 6 日，峨眉山－乐山大佛作为文化与自然双重遗产被联合国教科文组织列入世界遗产名录。峨眉山以佛教文化和独到迷人的风光，吸引着四方游客，把人们带入那雄秀缥缈的奇妙境界。

峨眉山景区包括大峨、二峨、三峨、四峨四座大山。大峨山为峨眉山的主峰，通常说的峨眉山就是指的大峨山。大峨、二峨两山相对，远远望去，双峰缥缈，犹如画眉，这种陡峭险峻、横空出世的雄伟气势，使唐代诗人李白发"峨眉高出西极天"、"蜀国多仙山，峨眉邈难匹"之赞叹。峨眉山以多雾著称，常年云雾缭绕，雨丝霏霏。弥漫山间的云雾，变化万千，把峨眉山装点得婀娜多姿。该景区气候多样，植被丰富，共有 3000 多种植物，素有"古老的植物王国"之美称。山路沿途有较多猴群，见人不惊且与人同乐，常结队向游人讨食，为游客增添了不少乐趣，成为峨眉一大特色。

清音阁：位于峨眉山中山区，隐现于牛心岭下，左黑龙江，右白龙江，两水合抱，汇合处的峡谷有一黑色巨石，形似牛心，称牛心石。"黑白二水洗牛心"成为峨眉山著名景观之一。阁下有双飞桥,两桥之间耸立双飞亭,两条清澈的溪水从桥下奔流而过,"双桥清音"被誉为峨眉山第一胜景。

万年寺:是峨眉山的主要寺庙之一,始建于东晋元熙二年(420年)。明万历二十八年(1600年)建无梁砖殿;第二年竣工,改名为圣寿万年寺。明代砖殿内宋代铸造的普贤骑象铜像为镇寺之宝。这尊铜像通高7.85米,重62吨。万年寺是全国重点文物保护单位。万年寺砖殿为我国古代建筑一大奇观,该建筑400年来经历了18次地震,却安然无恙,被誉为我国古建筑史上的奇迹。

峨眉金顶:与峨眉顶峰的万佛顶相邻,海拔3079.3米。这里山高云低,景色壮丽。游客可在陡峭的舍身岩边,欣赏日出、云海、佛光、圣灯四大奇景。如果天气晴朗,还可远眺数百里外的贡嘎雪峰。

∧ 峨眉山之云海

天下山水在于蜀

二、乐山大佛

乐山大佛地处四川省乐山市，岷江、青衣江、大渡河三江汇流处，与乐山城隔江相望。乐山大佛雕凿在岷江、青衣江、大渡河汇流处岩壁上。它依岷江南岸凌云山栖霞峰临江峭壁凿造而成，又名凌云大佛，为弥勒佛坐像，是唐代摩崖造像的艺术精品之一，是世界上最大的石刻弥勒佛坐像，国家 5A 级旅游景区。

大佛通高 71 米，是我国现存最大的一尊摩崖石刻造像（摩崖石刻并非是石窟艺术）。大佛开凿于唐代开元元年（713 年），完成于贞元十九年（803 年），历时约 90 年，建高 71 米，有"山是一尊佛，佛是一座山"之称。在乐山大佛头的螺髻上面可以容十多人围坐，耳朵空隙可并立两人，双足相距近十丈，两个人接卧也不及大佛的一个脚趾长，一个人站立脚旁也未能高出脚面。隔江遥望，才能观看到大佛的全貌。

乐山大佛景区由凌云山、麻浩岩墓、乌龙山、巨形卧佛景观等组成，面积约 8 平方公里。景区属峨眉山风景名胜区范围，是国家级风景名胜区，闻名遐迩的风景旅游胜地。古有"上朝峨眉、下朝凌云"之说。

<乐山大佛

我爱四川

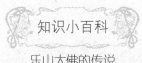

乐山大佛的传说

乐山大佛开凿的发起人是海通和尚。海通是贵州人，离乡别家，来到乐山凌云山下当和尚。凌云山下乃岷江、大渡河、青衣江三江汇聚之处，每当汛期，山洪暴发，洪水便似脱缰的野马，横冲直撞，常常毁坏农田，倾覆舟楫。

为了制服江水，海通和尚立志开凿一尊大佛来镇住水妖。首先便是资金问题。海通和尚为了筹集资金，四处化斋，积少成多，经过数年努力，终于解决了这个问题。开凿之日，万众瞩目，喜形于色。但地方官吏却趁机刁难，声称要收取建造和保护费，否则不让开工。海通和尚十分气愤，斩钉截铁地说："你们可以拿走我的眼珠，但不能拿走佛财！"地方官吏面带嘲弄的神色说："你要真给我们眼珠，我们就不要你的佛财！"海通和尚马上拿出尖刀，自剜其目，用盘接住，捧到官吏面前。地方官吏大吃一惊，吓得赶紧逃离现场。海通和尚忍住剧痛，一挥手，大佛立刻开凿。海通和尚死后，他的徒弟领着工匠继续修造，经过90年的努力，乐山大佛终于耸立在岷江、大渡河、青衣江汇流之处。

第六节　名人故里　千载流芳

一、阆中古城

阆中市位于四川北部，嘉陵江中游，是国家历史文化名城、中国优秀旅游城市，号称"天下第一江山"。阆中古城位于阆中市城区南侧，是阆

< 阆中古城

中的历史城区，已有 2300 多年的建城历史，向为古代巴蜀军事重镇，也是四川省唯一完整保存下来的古城。阆中古城和同为第二批国家历史文化名城的山西平遥、云南丽江、安徽歙县并称为"保存最为完好的四大古城"。

阆中土肥水美、气候适宜、物产丰富。阆中汉为巴郡，隋时改称阆内县，宋以后称阆中，历代多为州、郡、府治所。阆中素有"阆苑仙境"之誉，全市有华光楼、贡院、巴巴寺、孔家大院、武庙遗韵大院、张桓侯祠等文物景点 200 多处。古城阆中的建筑风格体现了我国古代的居住风水观，棋盘式的古城格局，融南北风格于一体的建筑群，形成"半珠式"、"品"字型、"多"字型等风格迥异的建筑群体，是中国古代建城选址"天人合一"完备的典型范例。保护完好的唐、宋、元、明、清各历史时期的古民居街院、寺院楼阁、摩岩石刻构成了阆中独特的旅游资源和丰富的文化内涵。

目前，以古城为中心，已经形成古城南区、张飞庙旅游区、东山园林、锦屏山旅游区、滕王阁旅游区、古城科举文化旅游区、天宫院旅游区等多处成片的旅游区。

二、庞统祠墓

庞统祠墓是安葬和纪念三国时代刘备的军师庞统的地方，位于德阳市

我爱四川

庞统祠墓>

罗江县鹿头山白马关，东距县城5公里。庞统，字士元，道号凤雏，襄阳（今湖北襄樊市）人，生于东汉灵帝光和元年（178年）。在当时，庞统与诸葛亮齐名，社会上流传着"伏龙、凤雏，得一人可安天下"的口碑。建安十八年（214年）夏，庞统随刘备进攻雒县（今广汉市），身先士卒，率众攻城，被守城的兵将用箭射死。时年36岁。

庞统祠墓为庞统卒后刘备所建。三进四合布局，石木结构（石墙、石柱、石幔、石柱廊、石窗），古朴敦厚、肃穆庄重。依次排列着山门、"龙凤"二师殿、"栖凤"殿、庞统陵墓。祠内存有庞统及诸葛亮雕塑像，历代匾联、碑刻、字画等大量珍贵文物史料。庞统祠墓又叫"落凤坡"（庞统时称"凤雏"），在当地又称"白马寺"。其所在地白马镇的名字也因此寺而得名。

三、陈寿万卷楼

万卷楼为西晋著名史学家、《三国志》作者陈寿青少年时代读书治学的地方，位于南充市西山风景区。万卷楼始建于三国蜀汉建兴年间（222—

天下山水在于蜀

<陈寿故居万卷楼

237年），因年久失修，于20世纪60年代毁坏。现存的万卷楼于1990年由政府拨款400万元恢复重建而成，由陈寿读书楼、陈寿纪念馆、藏书楼组成。它倚山而立，气势恢宏，流光溢彩，建筑面积2400平方米。

中国书法家协会副主席、中国佛教协会会长赵朴初新笔题写的长4.7米、高1.8米的"万卷楼"金字巨匾熠熠生辉。耸立在万卷楼庭院中央的高5米、重1吨的陈寿青铜塑像形态逼真，手抱竹筒，神韵飞扬。纪念堂中陈列的《三国志》以及大量的文字、图画、表格、照片、实物等资料，详细地介绍了陈寿坎坷经历、著书史实及其对后世的影响。四壁彩绘的十六幅以《三国志》史实为容的三国壁画，堪称国内一绝。南北廊轩中以《三国演义》故事为内容的仿汉代拓片型的线刻壁画，以及各地书法名家为万卷楼创作的书画楹联，犹入三国之境。

陈寿万卷楼陈列内容十分丰富，兼艺术性、学术性、历史性和游览性为一体，对研究和弘扬三国文化，促进三国文化与世界民族文化的交流，具有积极的推动作用。

四、陈子昂读书台

陈子昂读书台是初唐诗人陈子昂青年时代读书的地方，原名"读书堂"，或称"陈公学堂"，位于四川省射洪县城北 23 公里处的金华山。康熙五十一年 (1712 年)，知县唐麟翔于学堂旧址建方厅一大间，置匾额为"古读书台"。光绪六年 (1880)，后人对古读书台进行了较大规模的修茸和扩建。此后虽略有增修，但基本保持原状。

其大门楹联写道："亭古不落匡山后，杖策曾经工部来。"意为陈子昂的读书台毫不逊色，可与李白读书的匡山媲美，连诗圣杜甫都曾到此瞻仰。读书台陈设很简单，只在四壁的墙上有一些介绍陈子昂生平的壁画和文字。历代文人墨客来此凭吊者众多。古读书台内匾联甚多，多数为古今名家手迹。其木刻《感遇三十首》及《陈伯玉先生别传》等为重要文物，留云仙馆内陈列的陈氏有关文献资料亦不可多得。

五、李白纪念馆

李白纪念馆位于四川省江油市北郊昌明河畔，为纪念唐朝诗人李白而建。李白祖籍陇西成纪（今甘肃省静宁县），生于中亚巴尔喀什湖畔的碎叶城，5 岁时随父迁蜀，来到江油市境内青莲场居住。李白在蜀地住了 20 年，25 岁时才辞亲远游。"蜀国曾闻子规鸟，宣城还见杜鹃花。一叫一回肠一断，

陈子昂读书台>

天下山水在于蜀

三春三月忆三巴。"在李白漂泊的一生中，蜀地的一草一木都成为他魂牵梦萦的记忆。

　　1962年，江油李白纪念馆开始筹建，1982年，这所融观光旅游、学术研究、陈列收藏、旅游服务为一体的名人博物馆正式开馆。该馆位于风景秀丽的昌明河畔，占地4万余平方米，建筑面积1.4万余平方米。与"青莲故居"、"大匡山"、"读书台"、"窦圌山"等20余处李白遗迹紧密相连。纪念馆内建筑皆系仿唐风格，规模宏大、古朴雄伟。大门是郭沫若题的匾，进门是一堵照壁，上面的镏金大字则是邓小平手迹。纪念馆的主要建筑有太白堂、太白书屋、陈列室、珍藏室、李杜亭、观瀑亭、望月亭、醉仙楼、碑亭、青莲池等。馆内珍藏有李白的稀世墨宝、宋碑、李白塑像、匡山太白像、碑刻等。此外，还有桃花潭、洗墨池、大石狮、明代的雷鸣堰等文物古迹。馆藏文物5000余件，包括各代李诗版本和不少明清以来各大家的力作，如仇英、祝允明、张大千、傅抱石等。与纪念馆隔河相望有太白公园，园内展布楼亭阁榭，林木丰茂，环境优雅。宏伟的建筑群落、优美的园林风光、丰富的陈列收藏、浓郁的文化氛围，使江油李白纪念馆被誉为"川西北的一颗旅游明珠"。

<李白纪念馆

我爱四川

六、三苏祠

　　三苏祠位于四川省眉山市城西，是中国著名文学家苏洵、苏轼、苏辙的故居。其原为约五亩的庭院，元代改宅为祠，是祭祀和纪念三苏的祠堂。苏洵为父，人称"老苏"；苏轼为长子，人称"大苏"；苏辙为次子，人称"小苏"。按习惯，人们将他们父子三人合称为"三苏"。三苏祠明末毁于兵燹，清康熙四年（1665年）在原址模拟重建。整个祠堂红墙环抱，绿水萦绕，形成三分水二分竹的岛居特色，也符合苏轼"宁可食无肉，不可居无竹"的生活理念。

　　三苏祠的主体建筑有大门、大殿、启贤堂、快雨亭等，依次安排在有莲池的南岸伸出的半岛上。祠内有苏洵、苏轼、苏辙和程夫人、任采莲、苏八娘（苏小妹）、王弗、王闰之、王朝云、史夫人及苏家六公子等十余人的塑像；有瑞莲亭、古井、洗砚池等苏家遗迹；珍藏和陈列着5000余件关于三苏的文献和文物，是蜀中最负盛名的人文景观。

三苏祠 >

　　　　　　　　　　　　　　　　　　　　　　　　天下山水在于蜀

第七节 世界茶文化发源地——蒙顶山

蒙顶山，又叫蒙山，位于四川盆地西南边缘与青藏高原交界处，雅安市名山县境内。蒙顶山因"雨雾蒙沫"而得名。这里因常年降雨量达2000毫米以上，古称"西蜀漏天"。蒙顶山因为是茶的发源地而成为"世界茶文化圣山"，故有"扬子江中水，蒙山顶上茶"之说。

蒙顶山由上清、玉女、井泉、甘露、菱角等五峰组成，状若莲花，最高峰上清峰，海拔1456米。从蒙顶西眺可见峨眉、瓦屋、周公诸山。向东俯视，原野平畴，山峦起伏，溪涧纵横，风景如画。朝可观日出和霞光，晚可看落霞和云海，精彩的茶道表演堪称蒙山一绝，一年一度的仿古皇茶祭礼别开生面，蒙顶山以其秀丽的景色和古老悠久的茶文化而名扬天下。

＜蒙顶山

我爱四川

蒙顶山除了千亩茶园和丰富的茶文化之外，还有天盖寺、永兴寺、皇茶园、智矩寺、甘露井、石牌坊等历史遗迹。

天盖寺：天盖寺位于蒙顶山顶，创建于汉代，宋代重修。寺占地8000平方米，遥对群山，四周环绕12株千年古银杏。中间为明代建筑石柱大殿，系蒙茶祖师吴理真结庐种茶处。大殿塑有吴理真大师全身座像，周围有展示蒙顶茶史的图文、实物等。此处为蒙顶品茶最佳去处。寺后曲径通幽，可进入皇茶园、甘露井。甘露井侧立"蒙泉"、"古蒙泉"二碑，相传为吴理真所凿。为甘露大师种茶时汲水处。

永兴寺：坐落于蒙顶西侧山腰，依山向水。始建于明代，乾隆57年（1792年）补修，是一座古老的"五峰禅林"。内有楼、台、亭、榭数十个，植有七心茶花和红、白玉兰等珍稀花木。其中一株红杜鹃，植于明代，春末夏初，花朵满枝。

皇茶园：皇茶园坐落于蒙顶主峰的五个小山头之中，因周围山峰形似莲花，皇茶园正落于莲心而成"风水宝地"。汉代甘露大师吴理真植"灵茗之种"七株于此。从唐代开始在此采摘贡茶，宋孝宗淳熙十三年（1186年）正式命名为"皇茶园"。园以石栏围绕，正面双扇石门，两侧有"扬子江心水，蒙山顶上茶"石刻楹联，横额书"皇茶园"。

永兴寺＞

天下山水在于蜀

第八节　剑门天下险——剑门蜀道

　　剑门蜀道以剑门关为核心，北起陕西宁强，南到成都，全长450公里。剑门蜀道风景区位于绵阳市、广元市境内，连绵不断于秦岭、巴山、岷山之间，是以"蜀道"为主干的带状风景名胜区。剑门关历来为兵家必争之地。剑门蜀道逶迤群山之路，沿线古迹众多，主要有古栈道、剑门关、翠云廊、武则天庙皇泽寺、唐宋石刻千佛岩、三国古战场遗迹、七曲山大庙、李白故里等。剑门蜀道沿线地势险要，山峦叠翠，风光峻丽，关隘众多，因李白"蜀道难，难于上青天"的感慨而名扬天下。

　　剑门关：位于四川省剑阁县城南15公里处，地处大、小剑山中断处，

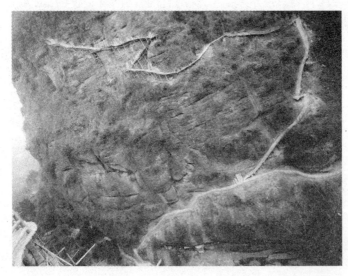

<蜀道

两旁断崖峭壁，峰峦似剑，两壁对峙如门，故称"剑门"，是我国最著名的天然关隘之一，享有"天下第一关"、"蜀之门户"之美誉。三国蜀汉丞相诸葛亮曾在此修筑栈道30里，设关守卫，称"剑阁"，大有"一夫当关，万夫莫开"之势。2000多年来，还没有任何兵家从正面攻下过剑门关。进入关内长约500米的幽深峡谷中，可见前人留下的"天下雄关"、"第一关"、"剑阁七十二峰"等碑刻。新建的剑门关楼，雄踞关口，气势恢宏。附近山峦绵亘，植被葱笼，景色秀丽。

翠云廊：是剑门蜀道的一段。翠云廊古称"剑州路柏"，民间又称"皇柏"，亦称"张飞柏"。翠云廊曾有"三百余里官道，数千万株古柏"的壮观景象。翠云廊从秦时初具规模，共经历5次大规模的植树才拥有这参天如云的绿色通道。由于保护得当，现存8000余株古柏仍郁郁葱葱，主要分布在剑门关到剑阁县城一段，有的穿插在川陕公路两侧。枝干参天，浓荫蔽日，繁茂苍翠，远远望去，蔚然如云，故而得名。其保留了原来"驿道"的旧貌，古风盎然。

古栈道：最先开凿于先秦，历代续有修葺。栈道分为土栈和石栈两种。土栈是在森林茂盛的山地铺木为路，杂以土石。石栈又名阁道，选址一般

剑门关>

天下山水在于蜀

在悬崖绝壁上，是在山崖凿孔，支架木桩再铺上木板而成的路。现在，蜀道土栈基本不存在了，但石栈遗迹尚存。残迹在崖间的栈道撑柱石孔仍历历在目，其孔约为 30 厘米见方，深约 50 厘米。

第九节　川西北灵山秀水

一、九寨沟

　　九寨沟位于四川省阿坝藏族羌族自治州九寨沟县境内，是白水沟上游白河的支沟，以有九个藏族村寨而得名。九寨沟海拔在 2000 米以上，遍布原始森林，以三沟一百一十八海为代表，以五滩十二瀑，十流数十泉等水景为主要景点，与九寨十二峰联合组成高山河谷自然景观，以翠海、叠瀑、彩林、雪山、藏情"五绝"驰名中外。九寨沟为全国重点风景名胜区，是中国唯一拥有"世界自然遗产"和"世界生物圈保护区"两项国际桂冠的旅游胜地。

　　九寨沟以水景最为奇丽。其水景规模之巨，景型之多，数量之众，形态之美，布局之精和环境之佳，均位居中国风景名胜区水景之冠。泉、瀑、河、滩将 108 个海子连缀一体，碧蓝澄澈，千颜万色，多姿多彩，"水在树间流，树在水中长。"有"黄山归来不看岳，九寨归来不看水"和"世界水景之王"之称。九寨沟动植物资源丰富，种类繁多，原始森林遍布，栖息着大熊猫等十多种稀有和珍贵野生动物。远望高耸云天，加上藏家木楼、晾架经幡、

我爱四川

九寨沟>

栈桥、磨房、传统习俗及神话传说构成的人文景观，被誉为"美丽的童话世界"。九寨沟以原始的生态环境，一尘不染的清新空气和雪山、森林、湖泊组合成神妙、奇幻、幽美的自然风光，显现出"自然的美，美的自然"。

二、松潘黄龙名胜风景区

松潘黄龙名胜风景区位于四川省阿坝藏族羌族自治州松潘县境内。主景区黄龙沟位于岷山主峰雪宝顶下，是我国海拔最高的国家重点风景名胜区。黄龙沟，似中国人心目中"龙"的形象，因而历来被喻为"人间瑶池"、"中华象征"。"黄龙"名称的由来还有两种传说：一说是大禹治水时，有一条黄龙负舟帮助大禹疏通岷江，到了松潘后留在了黄龙沟内。另一说是相传很久以前曾有位黄龙真人于此隐居修道，成仙而去。后人为纪念黄龙真人，在沟内修建黄龙寺。

黄龙名胜风景区是由众多雪峰和中国最东部的冰川组成的山谷。在这里，人们可以找到高山景观和各种不同的森林生态系，以及壮观的石灰岩构造、瀑布和温泉。这一地区还生存着许多濒临灭绝的动物，包括大熊猫和四川疣鼻金丝猴。钙华彩池、滩流、雪山、峡谷和森林被誉为黄龙"五绝"，蜚声海外。景区有 3400 多个钙华彩池、一个面积达 8 万多平方米的钙华滩流"金沙铺地"、5 个岩溶瀑布、4 个钟乳石溶洞和 2 座古寺建筑。相传很久以前，曾有"黄龙真人"于此隐居修道。迄今每逢农历六月中黄龙寺传统庙会，方圆数百里的藏、羌、回、汉各族群众便会聚在此，或进香朝山、入寺祈祷，或游乐赏景、欢歌喜舞。

　　黄龙名胜风景区是一个景观奇特、资源丰富、生态原始、保存完好、具有重要科学和美学价值的旅游胜地。这里有似加拿大的雪山、怀俄明州的峡谷、科罗拉多的原始森林、黄石公园的钙华彩池。此地多类景观，集中一地，堪称世界奇观。

∧黄龙名胜风景区

第七章

建设西部经济发展高地

经过几代人的艰苦奋斗，到 21 世纪中叶全国基本实现现代化时，从根本上改变西部地区相对落后的面貌，建成一个经济繁荣、社会进步、生活安定、民族团结、山川秀美、人民富裕的新四川。

∧ 俯瞰天府之国

第一节　行改革　敢为天下先

1978 年中共十一届三中全会召开，中国进入改革开放新时期。在这一伟大历史征程中，四川人"敢为天下先"，各项改革走在全国前列。

1978 年，四川在农村试行"包产到组"责任制。年初，广汉县金鱼公社进行"分组作业，定产定工，联产计酬"实验，取得成功。9 月，省委派出工作组总结了金鱼公社经验，推广全省。当年秋天，蓬溪县群利公社试行包产到户，在全县减产的情况下增产 25%，其做法在全县推广。1981 年春，四川省委又对农村生产责任制的工作做了部署，尊重群众选择，于是包产到户和包干到户在全省迅速发展起来，大量农村"专业户"涌现了出来。1980 年 6 月，广汉县向阳公社率先在全国取消了"政社合一"的人民公社制，恢复乡级建制，改公社为乡，改生产队为农业生产合作社，摘掉"广汉县向阳人民公社管理委员会"牌子，换以"向阳乡人民政府"。四川省委肯定了他们的做法，于 1982 年在全省试点。到 1984 年底，全省 8559 个人民公社全部实现了建乡、建村的改革。四川这些改革，均走在全国前列。

改革 30 余年，农村经济欣欣向荣，农村建设日新月异，人民生活不断提高，农村社会保障不断加强。尤其是近年来，全省上下深入贯彻落实科学发展观，坚持加快发展、科学发展、又好又快发展，农村经济社会呈现出高效、快速、可持续、和谐景象。以人为本、城乡统筹、体制机制创新，已经成为时代的主题；农业产业化、产业集群化、集群"科技化"，正在改变着农业的经营方式；生态农业、特色农业、高效农业、农业机械化等

　　　　　　　　　　　　　　　　　　　　而今迈步从头越

∧ 富饶的成都平原

等，正在使农业生产方式、农业结构发生着深刻的变革；农业基础设施建设、农村信息化建设正在从根本上迅速改变着传统农业的自然性、封闭性，改变着农村的物质生活和社会生活；新村扶贫、劳务扶贫、产业扶贫、科技扶贫等，让贫困人口走上了小康生活的康庄大道。

　　1984年12月召开的中共十二届三中全会作出了《中共中央关于经济体制改革的决定》，明确了社会主义经济是在公有制基础上的有计划的商品经济，提出了加快以城市为重点的全面经济体制改革的任务。在《决定》精神的指引下，四川在深化企业改革、完善农村双层经营体制以及扩大开放等方面都取得了新的进展，经济发展上了一个新台阶。

　　1983年2月，四川率先进行城市经济体制改革，中央批准重庆为全国第一个实行经济体制综合改革试点的大城市。1983年，重庆市、成都市、德阳市成为全省实行市领导县管理体制的第一批城市。1985年3月，省政府发出《关于增强企业活力，加快城市经济体制改革的通知》。1986年3月，成都荷花池市场开市，后来发展成为全国十大批发市场之一。1986年以后，四川大面积推行企业承包经营责任制，组建了一批股份制企业和企业集团，逐步形成各种生产要素市场。在加快城市改革的同时，四川农村主要是在

我爱四川

稳定家庭联产承包责任制的基础上，完善双层经营体制，建立合作经济组织，积极开展多种经营，并从政策上、经济上和组织领导上对山区、丘陵地区特别是贫困地区重点给予扶持，从而推动了农村经济的全面高涨。

改革开放以前，四川非常闭塞，和其他省区的横向经济联系很少。外贸方面，只进行出口商品的生产和收购，为沿海口岸提供出口货源，不直接经营对外贸易。20世纪80年代以后，国家逐步扩大了省的自主经营进出口贸易权限。四川敞开"天府"大门，实行优惠政策，利用自然资源、劳动力资源和三线企业技术设备的优势，同国外和省外发展多渠道、多层次、多形式的经济技术合作和贸易往来，有力促进了四川经济的发展。

当然，最令四川人民值得骄傲的，就是中国改革开放伟业的总设计师邓小平是从四川走出去的。邓小平曾说过："我是中国人民的儿子，我深情地爱着我的祖国和人民。"在邓小平同志指导下，1978年12月召开的党的十一届三中全会，重新确立了解放思想、实事求是的思想路线，确定了把党和国家的工作重点转移到社会主义现代化建设上来，实行改革开放的重大决策。作为一代伟人，邓小平同志作出的光辉业绩、创立的科学理论，已经并将继续改变和影响着中国和世界。

∧ 攀枝花钢铁城全景

而今迈步从头越

第二节　抗震救灾重建家园

2008年5月12日14时28分，四川汶川发生了新中国成立以来破坏性最强、波及范围最广、救灾难度最大的一次地震。顷刻间，大地颤抖、山河移位、满目疮痍、生死离别……这次地震震级达里氏8级，震中烈度11度，余震3万余次。四川受灾最重，也波及甘肃、陕西、重庆等省区市417个县（市、区）、4667个乡（镇）、48810个村庄。中国除黑龙江、吉林、新疆外，均有不同程度的震感。灾区总面积约50万平方公里，受灾群众近5000万人，7万多名同胞遇难。房屋大量倒塌损坏，基础设施大面积损毁，工农业生遭受重大损失，生态环境遭到严重破坏，直接经济损失8451亿多元，地震引发的崩塌、滑坡、泥石流、堰塞湖等次生灾害举世罕见。

地震灾难发生后，在党中央的坚强领导和全国党政军民的倾力支援下，四川人民迎难而上，迅速展开了气壮山河的抗震救灾工作。抗震救灾中，各路大军紧急驰援，各方力量齐聚灾区，争分夺秒抢救生命，千方百计保护生命，救人第一，与时间赛跑，向极限挑战，处处体现生命至上。灾后四川人民立足时代和四川实际，积极创新重建方式，正确处理恢复与发展的关系，着眼发展抓重建，变恢复性重建为发展型重建，使灾后重建过程成为灾区转变发展方式、提升科学发展能力、奠定长远基础的历史进程。四川人民团结一心，众志成城，历经七日抢险救人、百日安置攻坚和千日重建奋战，创造了抗震救灾和灾后重建的人间奇迹。

恢复重建任务全面完成的2011年，四川生产总值突破2万亿元，4年翻一番；全省规模以上工业增加值达8928.8亿元，同比增长22.3%；

我爱四川

∧ 歌舞《天地吉祥》展示了四川各族人民重建家园的信心

全年旅游总收入 2449.2 亿元，同比增长 29.9%。当年，成都、德阳、绵阳、广元、雅安、阿坝 6 个重灾市州规模以上工业增加值累计增速均超过22%，广元、阿坝、雅安增速列全省前三名。39 个极重和重灾县（市、区）主要经济指标均高于全省平均水平。

经过三年砥砺奋斗，四川灾后重建取得决定性胜利。在全国人民和社会各界的大力支持下，灾区恢复重建实现了城乡面貌、基础设施、产业发展、社会建设等历史性跨越。今天来到四川的人都会由衷地赞叹，眼下灾区最漂亮的是民居，最安全的是学校，最现代的是医院，最满意的是百姓。在基本解决灾后重建这一"世界性难题"后，四川人民着眼重建工程的不断完善、正常运行以及灾区长远发展。经国家发改委批复同意，2011 年 8 月，四川省政府正式下发《汶川地震灾区发展振兴规划（2011—2015 年)》，着眼长远发展，明确灾区发展振兴的指导思想和具体目标。浴火重生的四川灾区人民，一定能紧紧抓住新一轮宝贵的发展机遇，在发展振兴的新征程上谱写出辉煌的篇章。

而今迈步从头越

第三节　抓机遇 建设西部经济发展高地

改革开放以来，四川经济社会发展取得了巨大成就，但和东部地区相比，发展不足、发展水平不高仍然是四川最大的省情。

西部地区由于受历史、自然和区位等诸多因素的影响，总体发展水平与东部相比，存在着较大的差距。鉴于此，中共中央、国务院于1999年作出了实施西部大开发、加快中西部地区发展的重大战略决策。西部地区特指四川、重庆、云南、贵州、西藏、广西、陕西、甘肃、宁夏、青海、新疆、内蒙古12个省、自治区和直辖市。总的战略目标是：经过几代人的艰苦奋斗，到21世纪中叶全国基本实现现代化时，从根本上改变西部地区相对落后的面貌，建成一个经济繁荣、社会进步、生活安定、民族团结、山川秀美、人民富裕的新西部。西部大开发战略的实施，开启了四川谋划跨越、全面崛起的崭新时代。对于四川人民来说，这也是一个推动经济社会全面进步、人民生活根本改善的重大历史机遇。

四川省委、省政府在党中央的坚强领导下，团结带领全省各族人民砥砺奋斗，制定了一系列推动全省大开发、大发展的政策措施，重点做好基础设施、生态建设、结构调整、科教兴川和改革开放"五篇文章"，在国企改革、财税改革、投融资体制改革、农村综合改革和扩权强县试点等方面都取得了重大突破，推动了全省经济社会跨越式发展。截至2011年，四川省经济增速达到15%，并列全国第2位。全省经济总量4年翻一番，突破2万亿元；地方公共财政收入3年翻一番，突破2000亿元，实现了吃饭财政向发展财政的历史性转变；全社会固定资产投资3年翻一番，突

我爱四川

生机勃勃的新成都 >

破 1.5 万亿元；四川省规模以上工业增加值增长 22.3%，居全国第 2 位，主营业务收入过百亿元的企业由 5 年前不到 10 户发展到 40 户。四川经济已迈上新的更高台阶。

四川省委、省政府以中国特色社会主义理论为指导，深入贯彻落实科学发展观，站在新的起点谋划和推进四川跨越式发展，提出了建设辐射西部、面向全国、融入世界的西部经济发展高地的战略。2007 年 12 月召开的四川省委九届四次全会，把"加快发展、科学发展、又好又快发展"作为全省工作的总体取向，明确建设西部经济发展高地的发展定位，提出了坚持以工业强省为主导，大力推进新型工业化、新型城镇化、农业现代化，加强开放合作、加强科技教育、加强基础设施建设，即"一主、三化、三加强"发展思路。这个总体定位，极大地激发了全省各族人民的智慧力量，汇聚了奔涌不息的发展合力。

省委九届四次全会还规划了一个较长时间的发展蓝图，其基本内涵和具体任务是打造"一枢纽、三中心、四基地"。"一枢纽"就是建设贯通南北、连接东西、通江达海的西部综合交通枢纽，这是建设西部经济发展高地的核心；"三中心"即构建西部物流中心、商贸中心和金融中心，这是

而今迈步从头越

建设西部经济发展高地的关键；"四基地"即建设重要战略资源开发基地、现代加工制造业基地、科技创新产业化基地和农产品深加工基地，这是建设西部经济发展高地的根本。2012 年 4 月 28 日，全长 240 公里的雅（安）西（昌）高速公路正式通车，标志着四川高速公路南北进出川大通道全线贯通。至此，四川累计建成高速公路进出川大通道 9 条，全省建成和在建高速公路总里程达 6500 多公里，由 2007 年底的全国第十二位跃至第二位。

省委九届四次全会以来，面对特大地震灾害和国际金融危机的严重影响，四川深入贯彻落实科学发展观，攻坚克难、化危为机、主动作为，奋力推进"两个加快"，创造了抗震救灾和灾后重建的人间奇迹，奏响了建设西部经济发展高地的时代凯歌，经济发展方式加快转变，发展势能加速聚集释放，现代化国际化程度极大提升，正全力由西部经济大省向全国经济强省迈进。在新一轮西部大开发强力推进、"十二五"发展胜利开局的重要历史节点，西部经济发展高地建设进入高位求进新阶段。这个目标定位，必将进一步催生推动发展的深厚伟力，引领四川实现更大跨越。

我爱四川